Köstlich und schnell mit **Mikrowelle**

Aufläufe

Köstlich und schnell mit **Mikrowelle**

Sabine von Imhoff

Aufläufe

Das GU Bildkochbuch für alle Mikrowellen- und Mikrowellen-Kombinationsgeräte.

Die Farbbilder gestalteten Odette Teubner und Kerstin Mosny.

GU Gräfe und Unzer

Das finden Sie in diesem Buch

Über dieses Buch
Seite 5

Die verschiedenen Gerätetypen
Seite 6–7

Das richtige Geschirr
Seite 8–9

Tips und Tricks
Seite 10–11

Aufläufe und Gratins optimal zubereiten
Seite 12–13

Herzhafte Aufläufe mit Gemüse, Fleisch, Fisch und Geflügel
Seite 14–35

Sauerkrautauflauf mit Schinken 16
Sauerkraut-Spätzleauflauf 16
Kloßteig-Auflauf mit Fleischwurst und Tomaten 17
Wirsingauflauf 18
Weißkohl-Mettauflauf 19
Weißkohl-Bratenauflauf 19
Zwiebel-Kartoffelauflauf 20
Hackfleisch-Kartoffelauflauf 21
Schinken-Reisauflauf 22
Leber-Reisauflauf 22
Lasagne mit Champignons 23
Mangoldlasagne 24
Seelachs-Filetauflauf mit Mangold 25
Schinkenauflauf 26
Kartoffelauflauf mit Quark 26
Ofenschlupfer 27
Ramquin 27
Gefüllte Cannelloni 28
Lachslasagne 29
Seelachsauflauf 30
Kabeljauauflauf 30
Rotbarsch-Mangoauflauf 31
Blumenkohl-Schinkenauflauf 32
Blumenkohl-Hackfleischauflauf 32
Grünkohlauflauf 33
Putenbrustauflauf mit Apfelsinen 34
Putenbrustauflauf mit Ananas 34
Rosenkohlauflauf mit Putenbrust 35
Lauchauflauf mit Hähnchenbrustfilet 35

Gratiniertes und Vollwertiges
Seite 36–55

Gratinierter Wirsing 38
Gratinierter Weißkohl 38
Überbackener Fenchel 39
Tortellini mit Muscheln 40
Tortellini mit Mozzarella 40
Spätzle mit Tomaten 41
Sahnespätzle 41
Kräuterspätzle 41
Käsespatzen 41
Sahne-Bandnudeln 42
Bandnudeln mit Egerlingen 42
Überbackene Schleifennudeln mit Zucchini 43
Kartoffel-Krabbengratin 44
Krabbengratin mit Artischockenherzen 44
Lachs mit Nudeln 45
Scampi mit Nudeln 45
Gratiniertes Bries 46
Gratiniertes Hirn 46
Chicorée mt Schinken 47
Chicorée mit Hackfleisch-Füllung 47
Lauchauflauf 48
Auflauf mit Keimlingen 48
Gemüsezwiebeln mit Grünkern-Füllung 49
Sahne-Zwiebeln 49
Spinatauflauf 50
Roggen-Kartoffelauflauf 50
Pfannkuchen mit Gemüsefüllung 51
Schwarzwurzelauflauf 52
Grünkernauflauf 53
Weißkohlauflauf 54
Gemüse-Reisauflauf 55

Süße Aufläufe und überbackene Desserts
Seite 56–75

Kirschenmännle 58
Hefezopfauflauf 58
Ananas-Zwiebackauflauf 59
Pfirsich-Zwiebackauflauf 59
Milchreisauflauf mit Eischnee 60
Reisauflauf mit getrockneten Aprikosen 61
Auflauf mit geriebenen Äpfeln 62
Gebackene Äpfel 62
Bananen mit Vanillecreme 63
Honigbananen 63
Crêpes mit Ananas-Walnußfüllung 64
Mangoauflauf 65
Birnenauflauf 66
Kirschauflauf 66
Johannisbeer-Auflauf 67
Erdbeerauflauf 67
Orangen-Apfelgratin 68
Apfel-Nußgratin 68
Überbackene Beeren 69
Grießauflauf mit Orangen 70
Grießauflauf mit Kirschen 71
Grießauflauf mit Birnen 71
Weinschaum-Fruchtauflauf 72
Haselnuß-Soufflé 73
Schokoladen-Soufflé 73
Hirseauflauf 74
Buchweizenauflauf 74
Haferflockenauflauf 75
Mandelauflauf 75

Wichtige Tabellen
Seite 76

Der Inhalt des Buches von A bis Z
Seite 77–78

Über dieses Buch

Aufläufe und Gratins sind kulinarische Lieblingsthemen von jeher. Nur: Die Gartechnik hat sich inzwischen ein wenig geändert. Denn in diesem neuen Band der Reihe »Köstlich und schnell mit Mikrowelle« zeige ich Ihnen, wie Sie knusprige Aufläufe und duftende Gratins in der Mikrowelle besonders gut zubereiten können. Aufläufe lassen sich aus fast allen Zutaten zu köstlichen Hauptmahlzeiten, leichten Zwischengerichten oder feinen Desserts zubereiten. Ob süß oder pikant – beim Zubereiten können Sie Ihrer Phantasie freien Lauf lassen.

Wichtig bei der Zubereitung in der Mikrowelle ist: Die Zutaten, die Sie verwenden, sollten die gleiche Garzeit haben. Wenn das mal nicht der Fall ist, sollten Sie das Gemüse oder das Getreide, mit dem Sie den Auflauf zubereiten möchten, vorher garen. Auch das klappt wunderbar mit der Mikrowelle. Wie, das erkläre ich Ihnen in den ausführlich beschriebenen Rezepten. Wenn Sie Besuch erwarten oder wenig Zeit haben, können Sie die Zutaten schon einige Zeit vor dem Servieren in Ruhe vorbereiten, dann gleich in die Auflaufform einschichten und erst wenn der Besuch da ist, das Gericht mit einer Eiermilch oder einer Béchamelsauce übergießen und garen.
Aufläufe lassen sich sogar aus den Resten von einem anderen Gericht zubereiten. Dabei sagt das Wort »Reste« nichts über die Qualität des Gerichtes aus. Kombiniert mit frischen Zutaten können Sie hieraus wahre Köstlichkeiten kreieren.
Das Experimentieren beim Kochen und das Entwickeln von neuen Rezepten hat mir schon immer sehr viel Freude bereitet. Dieses Hobby gab mir während meiner Tätigkeit bei einem Energieversorgungsunternehmen und in einem Schulungs- und Informationszentrum für Mikrowellengeräte reichlich Gelegenheit zum »Austüfteln« der Feinheiten. Der Spaß am Ausprobieren und natürlich auch die guten Ergebnisse waren schließlich der Ansporn dafür, die Rezepte in einem Buch festzuhalten. In diesem Bildkochbuch habe ich alle meine Erfahrungen einfließen lassen und die vielen Rezepte so genau beschrieben, daß Sie alles leicht nachkochen können. Im theoretischen Teil stelle ich Ihnen die verschiedenen Geräte und das nötige Zubehör vor. Zahlreiche Schritt-für-Schritt-Abbildungen und Tabellen helfen Ihnen, den Auflauf richtig vor- und zuzubereiten.

Damit Sie die Garzeit und die Beheizungsart auf den ersten Blick erkennen können, habe ich diese Angaben in einer übersichtlichen Tabelle an den Anfang eines jeden Rezeptes gestellt. Diese erkläre ich Ihnen am Beispiel des Zwiebel-Kartoffelauflaufs:

	Einstellung	Garzeit/ Minuten
Nur Mikrowellen	600 Watt	7– 9
Nur Mikrowellen	600 Watt	7–10
Mikrowellen mit Umluft	600 Watt 150–160°	35–40
oder		
Mikrowellen mit Ober- und Unterhitze	600 Watt 160–170°	
Gesamtgarzeit		49–59

Nur Mikrowellen bedeutet, daß Sie zunächst einen Arbeitsgang durchführen, der nur Mikrowellen benötigt. In diesem Beispiel werden die Zwiebeln bei Mikrowellenleistung 600 Watt 7–9 Minuten vorgegart. Dann wird eine Kräuterbéchamelsauce bei Mikrowellenleistung 600 Watt in 7–10 Minuten zubereitet. Nach der Hälfte der Garzeit (3–4 Minuten) sollten Sie die Sauce einmal umrühren. Jetzt können Sie auch den Schmelzkäse dazugeben und in der restlichen Zeit darin auflösen. Denken Sie daran, daß Sie bei jeder Unterbrechung des Garvorgangs das Mikrowellengerät erneut starten müssen. Diese Zutaten schichten Sie dann in die Auflaufform ein.
Diesen Auflauf bereite ich mit rohen Kartoffeln zu, daher wähle ich zum Backen die Mikrowellenleistung 600 Watt, so daß die Zutaten nach 35–40 Minuten dann wirklich gar sind. Damit der Auflauf in der relativ kurzen Zeit auch noch braun wird, schalten Sie einfach Umfluft 150–160° dazu.
Mit der jeweils ersten Kombination gelang mir das Gericht am besten. Wenn Ihr Gerät diese Kombinationsmöglichkeit nicht hat, erzielen Sie mit der zweitgenannten, – hier Ober- und Unterhitze 160–180° – gleichgute Ergebnisse. Die Temperatur muß bei Ober- und Unterhitze um 10–20° höher sein. Zusätzlich zu meinen Angaben sollten Sie jedoch berücksichtigen, daß die Leistung von Gerät zu Gerät variieren kann. Im Zweifelsfalle sollten Sie daher zunächst eine etwas kürzere Garzeit wählen. Es ist besser, wenn nötig, noch einige Minuten nachzugaren.
Die brillanten Farbfotos zeigen jedes Rezept in Farbe, das wird Sie schon beim Durchblättern des Buches zum Ausprobieren der Rezepte ermutigen.

Das Buch bietet Ihnen für jede Gelegenheit das geeignete Rezept. Der Einfachheit halber habe ich es in drei Abschnitte gegliedert. Das Kapitel »Herzhafte Aufläufe mit Gemüse, Fleisch, Fisch und Geflügel« enthält Knuspriges und Ungewöhnliches. Egal, ob Sie nun Appetit auf einen Zwiebel-Kartoffelauflauf, einen Wirsingauflauf oder eine Lasagne mit Champignons haben, sie werden begeistert sein. Überbackenes und Gratiniertes wie Spätzle oder Tortellini, einen deftigen Weißkohlgratin oder ein feines Lachsgericht bietet das Kapitel »Gratiniertes und Vollwertiges«. Wenn Sie gerne einmal einen Vollwert-Auflauf ausprobieren möchten, finden Sie hier bestimmt auch etwas. Nicht zu verachten sind beispielsweise Pfannkuchen mit Gemüsefüllung oder ein Grünkernauflauf. Auch diejenigen, die gerne süße Aufläufe mögen, werden auf ihre Kosten kommen. Im Kapitel »Süße Aufläufe und überbackene Desserts« können Sie wählen zwischen, Bananen mit Vanillecreme oder Schokoladen-Soufflé und vielen anderen Köstlichkeiten.

Für welches Rezept Sie sich auch immer entscheiden, ich wünsche Ihnen viel Freude beim Ausprobieren und guten Appetit.
Ihre
Sabine von Imhoff

Wichtiger Hinweis

Bevor Sie Ihr Mikrowellengerät in Betrieb nehmen, sollten Sie sich gründlich mit ihm vertraut machen. Beachten Sie bitte unbedingt die Gebrauchsanleitung des Herstellers und außer den hier genannten Hinweisen auch die Angaben auf den theoretischen Seiten dieses Buches. Beim Erhitzen von Flüssigkeiten kann es zu einem Siedeverzug kommen, das heißt, daß die Flüssigkeit erst zu brodeln anfängt, wenn das Gefäß aus dem Gerät genommen wird (Verbrennungsgefahr!). Deshalb die Flüssigkeit am besten nach der angegebenen Garzeit im Gerät noch ein wenig abkühlen lassen, oder mit einem Glasstäbchen im Gefäß erhitzen (das sorgt für eine gleichmäßigere Erwärmung). Wenn Sie Fragen haben und trotz aller Hinweise unsicher sind, wenden Sie sich am besten an die Beratungszentren Ihres Energieversorgungsunternehmens, an die Verbraucherzentrale in Ihrer Stadt oder an den Hersteller. Neue Geräte sind gesundheitlich unbedenklich. Es ist jedoch empfehlenswert, sie nach einiger Zeit auf Strahlendichtigkeit hin untersuchen zu lassen. Fragen Sie Ihren Fachhändler.

Die verschiedenen Gerätetypen

Mikrowellen-Sologerät

Nur mit Mikrowellen können Sie zwar schnell auftauen und schonend erwärmen, aber nicht bräunen.
Jedes Kombinationsgerät können Sie auch als »Mikrowellen-Sologerät« verwenden.
In diesem Buch finden Sie eine Reihe von Rezepten für Aufläufe, die Sie nur mit Mikrowellen zubereiten können. Damit die Oberfläche dann nicht zu hell bleibt, bestreue ich den Auflauf mit Käse, der schmilzt und goldgelb, aber nicht braun wird. Süße Quarkaufläufe, die nur mit Mikrowellen gegart werden, sehen sehr appetitlich aus, wenn sie mit gehobelten Mandeln, Nüssen, Sonnenblumenkernen oder Pistazien bestreut oder mit Puderzucker bestäubt werden.
Wenn Sie nur ein Sologerät haben, können Sie trotzdem auch die Aufläufe zubereiten, die mit Mikrowellen und Grill gegart werden. Garen Sie den Auflauf wie beschrieben mit Mikrowellen. Dann schieben Sie ihn unter den vorgeheizten Grill Ihres Backofens, bis die Oberfläche gebräunt ist.

Ober- und Unterhitze mit Mikrowellen kombiniert

Die klassische Ober- und Unterhitze kennen Sie von Ihrem Backofen. Durch die Kombination mit Mikrowellen verkürzt sich die Garzeit um bis zu 50% – und trotzdem werden die Aufläufe schön braun. Aufläufe mit wenig Feuchtigkeit, die in einer hohen Form zubereitet werden und eine Garzeit von etwa 18–35 Minuten benötigen, bereite ich mit Ober- und Unterhitze und Mikrowelle zu. Je kürzer die Garzeit, um so höher wählen Sie die Temperatur, damit der Auflauf auch in 18–20 Minuten nicht nur gar, sondern auch schön gebräunt ist. Das Gerät brauchen Sie nur dann vorheizen, wenn ich es in den Rezepten angebe.

Umluft mit Mikrowellen kombiniert

Bei der Kombination von Umluft und Mikrowellen verkürzt sich die Garzeit um etwa 50% – im Vergleich zur Zubereitung nur mit Umluft. Die Aufläufe bekommen aber trotzdem eine braune Oberfläche. Durch das Zuschalten der Umluft verteilt sich die Wärme sehr rasch im Garraum. Feuchte Aufläufe gelingen mit dieser Kombination besonders gut, denn die umströmende Wärme der Luft läßt die Feuchtigkeit schneller verdampfen. Wählen Sie deshalb beim Umluftbetrieb eine um 10–20% niedrigere Temperatur als bei der Beheizung mit Ober- und Unterhitze. Damit vermeiden Sie, daß der Auflauf zu stark bräunt und austrocknet.

Wattzahl: In den Rezepten wird die Mikrowellenleistung immer in Watt angegeben. Falls Sie diese Werte nicht direkt am Gerät ablesen können, finden Sie die nötigen Angaben entweder in der Gebrauchsanweisung oder erfahren sie direkt beim Hersteller. Ist die Wattleistung Ihres Gerätes geringer, wählen Sie die angegebene längere Garzeit. Ist sie höher, nehmen Sie die kürzere Garzeit.

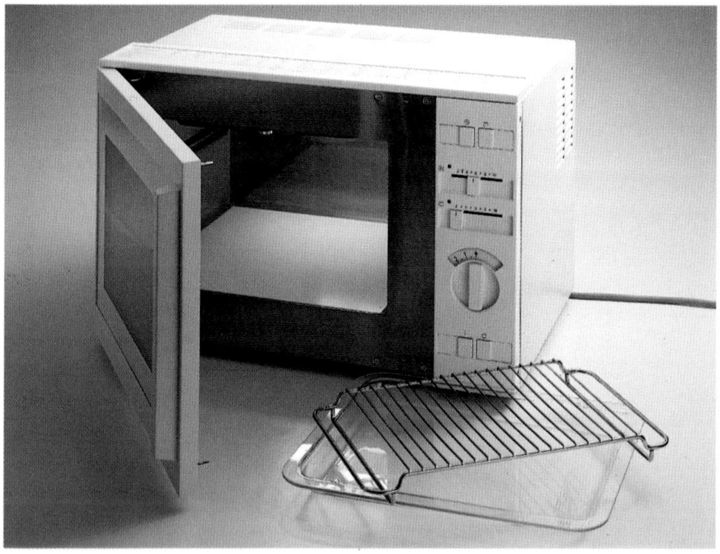

Grill mit Mikrowellen kombiniert

Der Grill in Kombination mit Mikrowellen hat beim Zubereiten von Gratins eine große Bedeutung. Für die meisten gratinierten Gerichte habe ich entweder die Lebensmittel vorgegart oder aber solche mit gleicher Gar- beziehungsweise Erwärmungszeit verwendet. Die meisten überbackenen Gerichte sind in 5–7 oder 7–10 Minuten bei einer Mikrowellenleistung von 600 Watt gar. Damit die Oberfläche auch in dieser kurzen Zeit braun wird, schalte ich bei den meisten Rezepten den Grill mit starker Stufe dazu. Eine schöne braune Kruste erreichen Sie auch, wenn Sie die richtige Einschubhöhe wählen. Die mittlere oder obere Einschubhöhe bringt den Gratin etwas näher an die Wärmequelle. Dadurch wird er schnell braun.

Umluftgrill mit Mikrowellen kombiniert

Beim Umluftgrillen takten Grill und Umluft wechselseitig. So kann die Wärme, die der Grillheizkörper abgibt, von allen Seiten den Auflauf umströmen und gleichmäßig bräunen. Diese Beheizungsart mit Mikrowellen kombiniert eignet sich besonders gut für sehr feuchte Aufläufe. Durch die umströmende Wärme der Umluft verdampft die Feuchtigkeit schneller als bei der Zubereitung mit dem Grill alleine. Wenn Sie einen Auflauf in 5–10 Minuten mit starker Grillstufe und Mikrowellen kombiniert zubereiten, wählen Sie beim Umluftgrillen eine Temperatur von 220–240°. Bei dem Rezept Rotbarsch-Mangoauflauf auf Seite 31, das mit mittlerer Grillstufe in 10–15 Minuten zubereitet wird, wählen Sie Umluftgrill 200–220°. Wird ein Auflauf mit schwacher Grillstufe in etwa 15–20 Minuten zubereitet, wählen Sie Umluftgrill 180–200°. Die Zeit und die angegebene Einschubhöhe bleibt beim Umluftgrillen immer gleich.

Alle Beheizungsarten mit Mikrowellen kombiniert

Dieses Gerät bietet den höchsten Komfort. Denn es vereint alle zuvor beschriebenen Beheizungsarten mit Mikrowellen in einem Gerät.
Dementsprechend gelten hier auch die Hinweise zu den Geräten, die auf diesen Seiten beschrieben sind. Je nach Ausstattung schaltet ein solches Gerät nach der eingeschalteten Mikrowellenzeit auch die Beheizung aus, damit die Aufläufe und Gratins nicht anbrennen.

Auflaufformen aus Glas und Glaskeramik

Auflauformen aus Glas lassen Mikrowellen besonders gut passieren. Für den Einsatz im Mikrowellen-Kombinationsbetrieb müssen die Auflaufformen unbedingt hitzebeständig sein. Feuerfestes Glasgeschirr, das Sie für den konventionellen Back- und Bratbetrieb verwenden, ist auch mikrowellengeeignet. Achten Sie allerdings darauf, daß die Formen keine Metalleinschlüsse aufweisen. Die Mikrowellen konzentrieren sich sonst an der Oberfläche des Gefäßes, und die Gerichte brauchen eine längere Garzeit. Das Geschirr kann dabei sogar zerspringen.
Bereiten Sie Aufläufe und Gratins möglichst in runden oder ovalen Formen zu. So werden sie gleichmäßiger gar.
Glasgeschirr ist zwar oft hitzebeständig beziehungsweise feuerfest, aber leider nicht temperaturwechselbeständig. Stellen Sie deshalb das heiße Gefäß nicht auf einer kalten Unterlage ab.
Gefäße aus Glaskeramik sind dagegen meistens temperaturwechselbeständig. Diese Gefäße können Sie dann auch auf die Herdplatte setzen und extremen »Temperaturschocks« aussetzen. Den Wechsel von heiß auf kalt oder umgekehrt halten sie durchaus aus. Die Mikrowellendurchlässigkeit dieser Gefäße ist ebenfalls sehr gut. Aufläufe gelingen sowohl in Glasformen als auch in Gefäßen aus Glaskeramik. Damit Sie die Gefäße sehr vielseitig einsetzen können, sollten Sie solche mit Deckel kaufen.

Auflaufform aus Keramik, Ton und Porzellan

Bevor Sie Formen aus Keramik, Ton oder Porzellan verwenden, sollten Sie sie gründlich prüfen. Viele Hersteller kennzeichnen ihre Produkte bereits mit der Aufschrift »mikrowellengeeignet« und »backofenfest«. Diese Auflaufformen sollten keine metallhaltigen Dekore oder Glasuren aufweisen. Denn an diesen Stellen konzentrieren sich die Mikrowellen, und das Gefäß wird extrem heiß. Es besteht die Gefahr, daß das Gefäß zerspringt und das Dekor sich ablöst beziehungsweise verdampft.
Wenn Sie wissen möchten, ob Ihre Auflaufform für die Mikrowelle geeignet ist, machen Sie einfach den Geschirrtest (siehe oben). Erwärmt sich das Geschirr nur wenig, können Sie es auch im Mikrowellengerät einsetzen. Wird es aber sehr heiß, ist die Glasur metallhaltig und damit ist das Gefäß nicht mikrowellengeeignet. – Keramikgeschirr wird sich allerdings aufgrund seines Feuchtigkeitsanteils immer erwärmen. Berücksichtigen Sie auch, daß das Geschirr Energie aufnimmt und sich dadurch die Garzeit verlängern kann. Verwenden Sie deshalb zum Herausnehmen der Form unbedingt Topflappen.
Wichtig ist, daß die Auflaufformen rundum glasiert sind und keine Sprünge haben. Die Formen könnten sonst beim Spülen zuviel Feuchtigkeit aufnehmen und beim Garen sogar platzen.
Dies gilt auch für Formen aus Ton und Porzellan.

Beachten Sie, daß für den Mikrowellenbetrieb die verwendeten Auflaufformen **mikrowellengeeignet** und für den Kombinationsbetrieb zusätzlich noch **hitzebeständig** sein müssen. Achten Sie hier auf die Angaben der Hersteller.

Die Mikrowellentauglichkeit können Sie mit dem Geschirrtest prüfen: Stellen Sie die leere Auflaufform bei Mikrowellenleistung 600 Watt etwa ½–1 Minute in das Gerät. Fühlt sie sich danach heiß an, ist sie ungeeignet.

Zubehör- und Metallteile

Wichtiges Zubehör eines Mikrowellengerätes sind Roste, Bleche und Fettpfannen. Sie sind in der Regel aus Metall, nur die Fettpfanne kann auch aus Glas sein. Alle diese Zubehörteile sind vom Hersteller auf den Garraum und den Mikrowellenbetrieb abgestimmt. Richten Sie sich beim Einsatz dieser Teile unbedingt nach den Angaben des Herstellers.
Die Auflaufformen sollten Sie auf die Mitte des Geräterostes setzen und mit dem Rost in das Gerät schieben.
Wenn Sie einen fertigen Auflauf in einer Aluschale nur erwärmen möchten, achten Sie darauf, daß die Schale die Garraumwand nicht berührt. Es könnte sonst zum Funkenflug im Gerät kommen und die Garraumwand beschädigt werden. Falls sich beim Erwärmen trotzdem auf dem Rost oder an der Schale einmal Funken bilden, beeinträchtigt dies jedoch weder das Erwärmen noch beschädigt es das Gerät.
Schneller werden Aufläufe allerdings auf einem Eßteller heiß, da die Mikrowellen hier von allen Seiten an das Gericht gelangen.
Aufläufe mit viel Feuchtigkeit können Sie auch in der Fettpfanne des Gerätes zubereiten. Voraussetzung ist dann eine größere Lebensmittelmenge, damit der Auflauf nicht zu flach wird und die Oberfläche nicht zu stark austrocknet.
Für den Solo- und Kombinationsbetrieb sind geschlossene Metallgefäße wie Bräter oder Aluschalen mit Deckel ungeeignet. Die Mikrowellen können das Gefäß nicht durchdringen und gelangen nicht an das Gargut.

Kunststofformen und Folien

Verschiedene Kunststoffgefäße werden für Mikrowellengeräte angeboten. Sie können diese Gefäße für den Solobetrieb verwenden. Wenn Sie das Geschirr aber auch im Kombinationsbetrieb mit Ober- und Unterhitze oder Umluft einsetzen möchten, müssen sie zusätzlich noch hitzebeständig sein. Dies ist von Hersteller zu Hersteller sehr unterschiedlich. Achten Sie deshalb immer auf die angegebenen Höchsttemperaturen. Für den Einsatz mit zugeschaltetem Grill sind Kunststoffgeschirr und Folie nicht geeignet, da zu große Temperaturen entstehen und das Material schmelzen. Kunststofffolien müssen vom Hersteller als mikrowellengeeignet ausgewiesen sein, da diese Folien sonst bereits durch die Wärme, die das Lebensmittel abgibt, schmelzen. Mikrowellengeeignete Folie können Sie zum Abdecken von Auflaufformen verwenden, wenn Sie Gemüse oder Reis vorgaren. Für den Kombinationsbetrieb sind diese Folien nicht geeignet.

Tips und Tricks

Gleichmäßig schneiden
Damit Gemüse gleichmäßig garen kann, schneiden Sie es am besten in gleich große Stücke. Eine Küchenmaschine kann beim Raspeln und Schneiden sehr hilfreich sein.

Gleichmäßig garen
Die zarten Röschen von Broccoli und Blumenkohl garen schneller als die faserreichen Stiele. Legen Sie deshalb das Gemüse so in die Form, daß die Röschen zur Mitte und die Stiele nach außen zeigen. So wird das Gemüse gleichmäßig gar.

Gemüse abdecken
Faserreiches Gemüse wie Kohl, Kartoffeln, Möhren, Bohnen oder Erbsen brauchen mehr Flüssigkeit zum Garen. Geben Sie so viel Flüssigkeit in das Gefäß, daß der Boden leicht bedeckt ist. Damit das Gemüse auch von oben feucht ist, legen Sie ein nasses Stück Pergamentpapier unter den Deckel.

Zugedeckt garen
Das Gemüse können Sie gleich in der Auflaufform blanchieren oder garen. Wenn Sie keinen Deckel für Ihre Form haben, verwenden Sie mikrowellengeeignete Folie. Sie eignet sich aber nur für das Garen mit Mikrowellen. Niemals Ober- und Unterhitze, Umluft oder den Grill dazuschalten. Sonst schmilzt die Folie.

Gemüse umrühren
Damit das Gemüse gleichmäßig gart, sollten Sie es während der Garzeit ein- bis zweimal umrühren. Gemüse mit einem großem Volumen schichten Sie zwischendurch am besten um.

Gemüse würzen
Das Gemüse erst nach dem Garen salzen. Sie können auch die Sauce oder die Eiermilch salzen, die Sie über das vorgegarte Gemüse gießen. Salz nicht direkt auf das Gemüse streuen, sonst entstehen trockene Stellen. Denn das Salz entzieht dem Gemüse Feuchtigkeit.

Gemüse einschichten
Beim Zubereiten der Aufläufe sollten Sie die Zutaten gleichmäßig in die Form einschichten. Dadurch garen sie und erwärmen sie sich optimal.

Auflauf umsetzen
In die Mitte des Gerätes gelangt etwas weniger Mikrowellenenergie. Sollten Sie also beobachten, daß der Rand des Auflaufs schon gar, die Mitte aber noch flüssig ist, dann stellen Sie die Form etwas mehr an den Rand des Garraums.

Rundes oder ovales Geschirr
In einer quadratischen oder rechteckigen Auflaufform sammelt sich die Mikrowellenenergie in den Ecken. An diesen Stellen wird der Auflauf schneller gar. Vermeiden Sie dies, indem Sie runde und ovale Auflaufformen verwenden.

Hohes oder flaches Geschirr
Bei gleichem Fassungsvermögen garen Aufläufe in flachen Gefäßen schneller als in hohen. Verwenden Sie deshalb für Gratins eine flache Form mit einer großen Oberfläche. So bleibt die Garzeit kurz und die Oberfläche wird trotzdem braun.

Béchamelsauce zubereiten
Für eine Béchamelsauce schmelzen Sie die Butter mit dem Mehl bei Mikrowellenleistung 600 Watt etwa 1 Minute. Sie können gleichzeitig eine feingehackte Schalotte oder Zwiebel mitdünsten. Stellen Sie die Zeit dann etwa ½ Minute länger ein.

Käse schmelzen
Etwa ¼ Liter Béchamelsauce bei Mikrowellenleistung 600 Watt in 3–4 Minuten dickflüssig werden lassen. Nach der Hälfte der Garzeit die Sauce umrühren und den Käse dazugeben. Mikrowellen wieder starten und den Käse in der restlichen Zeit schmelzen lassen.

Reste verwerten
Aus einem Rest Spätzle oder Sauerkraut können Sie schnell und mühelos einen wohlschmeckenden Auflauf zubereiten. Sie können natürlich die Spätzle, Nudeln oder das Sauerkraut auch frisch kochen.

Eine schöne Kruste
Besonders schnell bräunen herzhafte Gratins, wenn Sie geriebenen Käse oder Butterflöckchen auf der Oberfläche verteilen. Aufläufe werden mit einer Béchamelsauce, die Sie zudem noch mit Käse verfeinern, ebenfalls braun. Bei süßen Gerichten sorgt eine luftige Ei-Zuckermasse für die Bräunung.

Getreide quellen
In der Mikrowelle quellen 100 g Roggen in 15–20 Minuten. Den Roggen mit Wasser in ein mikrowellengeeignetes Gefäß geben.
Bei Mikrowellenleistung 600 Watt 5–7 Minuten aufkochen und bei 180 Watt 10–13 Minuten quellen lassen.

Aufläufe richtig vorbereiten
Die Zutaten für den Auflauf werden einzeln zubereitet und in die Form eingeschichtet. Dann die Sauce darüber gießen oder Käse und Butterflöckchen darauf verteilen. Das Gericht dann entweder nur mit Mikrowellen oder, je nach Rezept, im Kombinationsbetrieb fertigstellen.

Aufläufe und Gratins optimal zubereiten

Die richtige Einschubhöhe

Damit der Auflauf gleichmäßig braun und gar wird, sollten Sie ihn in die richtige Schiene des Gerätes schieben. Die Einschubhöhe ist vom Aufbau und der Größe Ihres Gerätes abhängig. Bei Aufläufen mit einer Garzeit über 15 Minuten nehme ich die erste Einschubhöhe von unten. Aufläufe mit einer mittleren Garzeit (etwa 10–12 Minuten) und mit mittlerer oder starker Grillstufe oder zusätzlich Ober- und Unterhitze (180–220°) schiebe ich in die mittlere Schiene. Aufläufe mit kurzer Garzeit (etwa 5–7 Minuten) und starker Grillstufe werden auf der oberen Einschubleiste braun. Beachten Sie aber zum Vergleich die Angaben des Geräteherstellers bei ähnlichen Rezepten.

Die untere Schiene beim Kompaktgerät und beim Backofen mit integrierter Mikrowelle bedeutet: Der Rost mit der Auflaufform wird in die erste Schiene von unten eingeschoben. Dies gilt meist für Aufläufe mit einer längeren Garzeit. Die erste Einschubhöhe wählen Sie auch, wenn Sie Aufläufe nur mit Mikrowellen zubereiten.

Die richtige Beheizungsart

Aufläufe können Sie entweder nur mit Mikrowellen oder mit Mikrowellen kombiniert mit Grill, Umluft oder Ober- und Unterhitze garen. Bei flachen Aufläufen, die eine kurze Garzeit brauchen, sollten Sie den Grill zuschalten, um die Oberfläche so schnell wie möglich zu bräunen. Das Zuschalten von Umluft eignet sich für Aufläufe mit einer mittleren Garzeit. Die Temperatur wird dann um etwa 20° niedriger eingestellt als bei Ober- und Unterhitze. Aufläufe, die eine längere Garzeit benötigen und wenig Feuchtigkeit enthalten, bereiten Sie mit Ober- und Unterhitze zu. So trocknet das Gericht nicht aus. Es gilt: Kurze Garzeiten – hohe Mikrowellenleistung; längere Garzeiten – mittlere Mikrowellenleistung.

Einen Auflauf mit vorgegartem Gemüse bereiten Sie mit 360 Watt und Ober- und Unterhitze (200–220°) oder Umluft (180–200°) zu. Einen Auflauf mit rohen Kartoffeln garen Sie mit derselben Beheizungsart. Schalten Sie aber noch Mikrowellenleistung 600 Watt dazu. Für süße Aufläufe mit Teig wählen Sie 180 Watt.

Saucen für Aufläufe richtig zubereiten

Drei Saucen verwende ich beim Zubereiten der Aufläufe besonders gern. Zwei davon lassen sich sehr gut, ohne daß sie anbrennen, in der Mikrowelle vorbereiten. Herzhafte Aufläufe schmecken mit der hellen Béchamelsauce und süße mit der Weinschaumsauce. Die Eiermilch, die mit allen Zutaten vermischt wird, braucht nicht vorgegart zu werden. Gemüse können Sie in der Mikrowelle hervorragend blanchieren oder vorgaren. Getreide wie beispielsweise Roggen, Grünkern oder Buchweizen können Sie im Mikrowellengerät quellen lassen.

Die Béchamelsauce in einem hohen mikrowellengeeignetem Gefäß zubereiten. Die Butter und das Mehl bei Mikrowellenleistung 600 Watt etwa 1 Minute schmelzen lassen. Mit ¼ l Flüssigkeit auffüllen, verrühren und bei Mikrowellenleistung 600 Watt 3–4 Minuten aufkochen. Einmal umrühren.

Zutaten für Aufläufe optimal vorbereiten

Reis läßt sich mit Mikrowellen hervorragend zubereiten, jedoch ohne Zeit zu sparen. Geben Sie dafür den Reis und die doppelte Menge Wasser in ein mikrowellengeeignetes Gefäß. Je nach Menge ist der Reis in 20–25 Minuten gar. Von Vorteil ist: Der Reis brennt nicht an und kocht nicht über. Die restlichen Zutaten können Sie in dasselbe Gefäß geben und mit dem Reis vermischen.

Garen Sie Reis und Gemüse in einer mikrowellengeeigneten Auflaufform vor. Wenn die Zutaten zugedeckt gegart werden müssen, nehmen Sie eine Form mit einem Deckel. Sie können die Form auch mit einer mikrowellengeeigneten Klarsichtfolie abdecken.

In kleinen Kompaktgeräten haben Aufläufe in hohen Formen nur dann Platz, wenn sie mit dem Rost auf den Boden des Gerätes geschoben werden. Wenn Sie ein Sologerät haben, stellen Sie alle Aufläufe auf den Geräteboden. Bei diesen Rezepten habe ich deshalb auch keine Einschubhöhe angegeben.

Die mittlere Einschubhöhe ist die erste beziehungsweise zweite und dritte von unten. Die obere Schiene wäre Einschubhöhe zwei und drei beziehungsweise drei und vier. Wählen Sie zunächst immer die untere Möglichkeit, damit der Auflauf nicht zu dunkel wird.

Wenn Sie Reis-, Nudel- oder Quarkaufläufe nur mit Mikrowellen zubereiten, werden sie nicht braun. Um eine braune Oberfläche zu bekommen, schalten Sie zusätzlich, den Grill dazu. Bei einer Garzeit von 5–7 Minuten starke Stufe, bei 10–15 Minuten mittlere und bei 15–20 Minuten schwache Stufe.

Wenn Sie kein Kombinationsgerät haben, können Sie trotzdem einige Aufläufe ausprobieren. Bestreuen Sie den Auflauf mit Käse, der nur schmilzt, aber nicht bräunt. Sie können den Auflauf anschließend auch unter dem Grill des vorgeheizten Backofens bräunen.

Für die Weinschaumsauce in einer mikrowellengeeigneten Rührschüssel die Eigelbe mit Zucker schaumig schlagen, mit dem Wein mischen und den Eischnee unterheben. Besteht die Masse aus ¼ l Wein, die Sauce bei Mikrowellenleistung 600 Watt 3–4½ Minuten erwärmen. Nach 1 Minute aufschlagen. Sie darf nicht kochen!

In runden oder ovalen Auflaufformen erzielen Sie gleichmäßigere Ergebnisse als in eckigen. Wenn Sie zum Beispiel einen Auflauf mit einer Eiermilch zubereiten, konzentrieren sich die Mikrowellen in den Ecken, und die Flüssigkeit stockt dort schneller als in der Mitte.

Wählen Sie eine ausreichend große und hohe Form. Den Rand mit einem feuchten Tuch abwischen. So vermeiden Sie, daß sich während der restlichen Garzeit ein angetrockneter oder verbrannter Rand bildet.

Die restlichen Zutaten mit dem vorgegarten Reis oder Gemüse vermischen und in derselben Auflaufform garen. Wenn ich es im Rezept nicht ausdrücklich anders erwähne, den Auflauf immer offen garen. So kann die Feuchtigkeit verdampfen und die Oberfläche des Auflaufs, je nach Beheizungsart, schön bräunen.

Herzhafte Aufläufe mit Gemüse, Fleisch, Fisch und Geflügel

Aufläufe lassen sich hervorragend mit Mikrowellen zubereiten. Schon zum Vorbereiten der Zutaten können Sie Ihr Gerät einsetzen. Gemüse können Sie mit Mikrowellen mühelos vorgaren. Denn beim Zubereiten eines Auflaufes kommt es darauf an, daß alle Zutaten die gleiche Garzeit haben.
Eine Béchamelsauce haben Sie ohne Anbrennen im Handumdrehen zubereitet.

Lassen Sie bei der Zubereitung von Aufläufen Ihrer Fantasie freien Lauf. Variieren Sie und kombinieren Sie die verschiedenen Zutaten je nach Jahreszeit und Geschmack.
Aufläufe lassen sich sehr gut vorbereiten und sind auch bei Gästen sehr beliebt. Kurz vor dem Backen können die Zutaten vorbereitet und in die Form gegeben werden. Den Guß – ob Eiersahne oder Béchamelsauce – gießen Sie unmittelbar vor dem Garen über den Auflauf. Wie Sie die hier abgebildete Lasagne mit Champignons zubereiten, erfahren Sie auf Seite 23.

Sauerkrautauflauf

Aus vorgegarten Zutaten

Sauerkrautauflauf mit Schinken

im Bild links

Zutaten für 4–6 Personen:
500 g Schinkenspeck
1 mittelgroße Zwiebel
850 g Sauerkraut (vorgegart)
¼ l Fleischbrühe
750 g Kartoffel-Kloßteig (aus dem Kühlregal)
60 g geriebener Emmentaler

Gelingt leicht

Bei 6 Personen pro Person etwa: 2800 kJ/670 kcal
Vorbereitungszeit: 15 Minuten

	Einstellung	Garzeit/Minuten
Nur Mikrowellen	600 Watt	8
Mikrowellen mit Ober- und Unterhitze	600 Watt 220–240°	20–25
oder		
Mikrowellen mit Umluft	600 Watt 220–220°	20–25
Gesamtgarzeit		28–33

Den Schinkenspeck fein würfeln und in eine große mikrowellengeeignete, hitzebeständige Auflaufform geben. Die Zwiebel schälen, fein hakken und zu dem Speck geben. Offen bei Mikrowellenleistung 600 Watt etwa 8 Minuten dünsten. • Das Sauerkraut mit einer Gabel auflockern und die Brühe dazugießen. Die Hälfte davon zu dem Speck-Zwiebel-Gemisch geben. • Den Kartoffel-Kloßteig darauf verteilen. Das restliche Sauerkraut darüber geben und mit dem Käse bestreuen. • Auf dem Rost in der unteren Schiene bei Mikrowellenleistung 600 Watt mit Ober- und Unterhitze 220–240° in 20–25 Minuten backen.

Mein Tip: Kartoffel-Kloßteig finden Sie im Kühlregal. Sie können auch Sauerkraut aus dem Glas oder der Dose verwenden.

Sauerkraut-Spätzleauflauf

im Bild rechts

Zutaten für 4–5 Personen:
3 Paar Wiener Würstchen
4 Eier · 250 g Crème fraîche
⅛ l Milch · 750 g Sauerkraut (vorgegart) · 400 g Spätzle (vorgegart) · 50 g mittelalter Gouda

Gut vorzubereiten

Bei 5 Personen pro Person etwa 2400 kJ/570 kcal
Vorbereitungszeit: 20 Minuten

	Einstellung	Garzeit/Minuten
Mikrowellen mit Umluft	600 Watt 190–210°	18–22
oder		
Mikrowellen mit Ober- und Unterhitze	600 Watt 210–230°	18–22

Die Würstchen in Scheiben schneiden. • Die Eier, die Crème fraîche und die Milch miteinander verschlagen. • Das Sauerkraut, die Spätzle und die Würstchenscheiben abwechselnd in eine mikrowellengeeignete, hitzebeständige Auflaufform schichten. Die letzte Schicht sollte aus Sauerkraut bestehen. Die Eiermilch darüber gießen. Den Käse reiben und auf den Auflauf streuen.
• Auf dem Rost in der unteren Schiene bei Mikrowellenleistung 600 Watt mit Umluft 190–210° in 18–22 Minuten backen.

Mein Tip: Wenn es besonders schnell gehen soll, können Sie Sauerkraut und Spätzle bereits fertiggegart kaufen; aber nur ausnahmsweise. Statt Spätzle können Sie auch 200 g Hörnchennudeln in sprudelndem Salzwasser »al dente« garen und mit dem Sauerkraut einschichten.

Kloßteig-Auflauf mit Fleischwurst und Tomaten

Den Kartoffel-Kloßteig können Sie auch selber zubereiten

Zutaten für 4 Personen:
Für die Form: Butter
200 g saure Sahne
100 g Sahne · Salz · weißer Pfeffer, frisch gemahlen
Oregano · 1 Bund Schnittlauch
750 g Kartoffel-Kloßteig (aus dem Kühlregal)
400 g Fleischwurst
500 g Tomaten
50 g Emmentaler

Preiswert
Gut vorzubereiten

Pro Person etwa: 2600 kJ/620 kcal
Vorbereitungszeit: 30 Minuten

	Einstellung	Garzeit/ Minuten
Nur Mikrowellen mit Umluft	600 Watt 200–220°	20–25
oder		
Mikrowellen mit Ober- und Unterhitze	600 Watt 220–240°	20–25

Eine mikrowellengeeignete, hitzebeständige Auflaufform mit Butter einfetten. • Die saure Sahne mit der Sahne verschlagen und mit Salz, Pfeffer und Oregano würzen. • Den Schnittlauch waschen und in Röllchen schneiden. Davon 1 Eßlöffel beiseite stellen. • Den Kartoffel-Kloßteig mit dem restlichen Schnittlauch vermengen. Die Hälfte des Teiges auf dem Boden der Auflaufform verteilen. • Die Fleischwurst häuten, in Scheiben schneiden und die Hälfte auf den Kloßteig legen. Die Tomaten mit kochendem Wasser überbrühen, häuten, in Scheiben schneiden und die Hälfte auf die Fleischwurst geben. Mit der Hälfte der Sahnesauce übergießen. • Die restlichen Zutaten in der gleichen Reihenfolge einschichten. Mit der restlichen Sauce übergießen. Den Käse reiben und über den Auflauf streuen. • Auf dem Rost in der unteren Schiene bei Mikrowellenleistung 600 Watt mit Umluft 200–220° in 20–25 Minuten garen. Mit dem Schnittlauch bestreut servieren.

Wirsingauflauf

Schmeckt auch mit Kasseler sehr gut

Zutaten für 6 Personen:
1 kg Wirsingkohl · Salz
2 mittelgroße Zwiebeln
1 Bund Petersilie
750 g gemischtes Hackfleisch
1 Ei · 3 Eßl. Semmelbrösel
2 Eßl. Senf · 2 Eßl. Ketchup
schwarzer Pfeffer, frisch gemahlen
Für die Sauce:
30 g Butter · 40 g Mehl
⅛ l Milch · 125 g frisch geriebener mittelalter Gouda
Salz · schwarzer Pfeffer, frisch gemahlen
Muskatnuß, frisch gerieben
125 g mittelalter Gouda (in Scheiben)
Für die Form: Butter

Preiswert

Pro Person etwa: 2800 kJ/670 kcal
Vorbereitungszeit: 1 Stunde

	Einstellung	Garzeit/ Minuten
Nur Mikrowellen	600 Watt	7–10
Mikrowellen mit Ober- und Unterhitze	600 Watt 210–230°	20–24
oder		
Mikrowellen mit Umluft	600 Watt 190–210°	20–24
Gesamtgarzeit		27–34

Den ganzen Wirsing in kochendes Salzwasser geben. Wenn sich die Blätter voneinander lösen, die äußeren Blätter abnehmen und etwa 15 Minuten kochen. Die Blätter herausnehmen und gut abtropfen lassen. • Von dem Wirsingwasser etwa ¼ l abnehmen und beiseite stellen. • Die Zwiebeln schälen, die Petersilie waschen, beides fein hacken und mit dem Hackfleisch in eine Schüssel geben. Das Ei, die Semmelbrösel, den Senf und den Ketchup hinzufügen. Alles verkneten, mit Salz und Pfeffer abschmecken. • Für die Sauce die Butter und das Mehl in einem hohen, mikrowellengeeignetem Gefäß bei Mikrowellenleistung 600 Watt 1–2 Minuten schmelzen lassen. Dann kräftig verrühren, das Wirsingwasser und die Milch untermischen. Die Sauce bei Mikrowellenleistung 600 Watt 6–8 Minuten dickflüssig werden lassen. Zwischendurch einmal umrühren, dabei den geriebenen Käse hinzufügen und in der Sauce auflösen lassen. Mit Salz, Pfeffer und Muskat würzen. • Die dicken Mittelrippen der Wirsingblätter flach schneiden. • Eine mikrowellengeeignete, hitzebeständige Auflaufform mit Butter ausfetten und mit den Wirsingblättern auslegen. Darauf abwechselnd das Fleisch, Wirsing und die Sauce geben. Die letzte Schicht sollte aus Sauce bestehen. Dann mit den Käsescheiben belegen.

• Den Auflauf auf dem Rost in der unteren Schiene bei Mikrowellenleistung 600 Watt mit Ober- und Unterhitze 210–230° in 20–24 Minuten garen.

Mein Tip: Wenn Sie statt Hackfleisch Kasseler verwenden, etwa 750 g geräuchertes Kasseler ohne Knochen kalt abspülen. Mit Küchenpapier trockentupfen und in kleine Würfel schneiden. Den Wirsing in feine Streifen schneiden, mit den Fleischwürfeln und der Sauce in der Auflaufform mischen. Den Auflauf mit den Käsescheiben belegen und wie oben beschrieben fertiggaren.
Sie können auch Bratenreste kleinschneiden und mit dem Wirsing mischen. Statt Gouda können Sie auch die gleiche Menge Emmentaler verwenden.

Deftige Weißkohlaufläufe

Mit Mett und Bratenresten zubereitet

Weißkohl-Mettauflauf

im Bild links

Zutaten für 4–5 Personen:
800 g Weißkohl · 3 Eßl. Wasser
4 Eier · 250 g Magerquark
250 g Crème fraîche
2 Teel. mittelscharfer Senf · Salz
schwarzer Pfeffer, frisch gemahlen · ½ Bund Majoran
(oder ½ Teel. getrockneter)
600 g Schweinemett

Gut vorzubereiten

Bei 5 Personen pro Person etwa:
3000 kJ/710 kcal
Vorbereitungszeit: 20 Minuten

	Einstellung	Garzeit/Minuten
Nur Mikrowellen	600 Watt	8–10
Mikrowellen mit Umluft	360 Watt 160–180°	25–30
oder		
Mikrowellen mit Ober- und Unterhitze	360 Watt 180–200°	25–30
Gesamtgarzeit		33–40

Den Weißkohl achteln, den Strunk herausschneiden und den Kohl in feine Streifen schneiden. • Den Kohl mit dem Wasser in eine große mikrowellengeeignete, hitzebeständige Auflaufform mit Deckel geben. Zugedeckt bei Mikrowellenleistung 600 Watt 8–10 Minuten garen. Zwischendurch einmal umrühren. • Die Eier mit dem Quark, der Crème fraîche, dem Senf, Salz und Pfeffer verschlagen. • Den Majoran waschen, die Blättchen abzupfen und zum Eierguß geben. • Das Kohlwasser abgießen und den Weißkohl mit dem Schweinemett und dem Eierguß in der Auflaufform vermengen. • Auf dem Rost in der unteren Schiene bei Mikrowellenleistung 360 Watt mit Umluft 160–180° offen 25–30 Minuten garen.

Weißkohl-Bratenauflauf

im Bild rechts

Zutaten für 4–6 Personen:
1 kg Weißkohl · 3 Eßl. Wasser
700 g gegarter Schweinebraten
3 Eier · 250 g Crème fraîche
⅛ l Milch · Salz · schwarzer Pfeffer · Kümmelpulver
3 große Zwiebeln · ½ Bund Schnittlauch, in Röllchen geschnitten

Preiswert

Bei 6 Personen pro Person etwa:
2400 kJ/570 kcal
Vorbereitungszeit: 35 Minuten

	Einstellung	Garzeit/Minuten
Nur Mikrowellen	600 Watt	10–13
Nur Mikrowellen	600 Watt	3– 5
Mikrowellen mit Umluft	360 Watt 160–180°	25–30
oder		
Mikrowellen mit Ober- und Unterhitze	360 Watt 180–200°	25–30
Gesamtgarzeit		38–48

Den Weißkohl achteln, den Strunk entfernen und den Kohl in Streifen schneiden. Mit dem Wasser in eine große mikrowellengeeignete, hitzebeständige Auflaufform mit Deckel geben. Zugedeckt bei Mikrowellenleistung 600 Watt 10–13 Minuten garen. Dabei einmal umrühren. • Den Braten klein würfeln. • Die Eier mit der Crème fraîche und der Milch verschlagen, mit Salz, Pfeffer und Kümmel würzen. • Das Kohlwasser abgießen. • Die Zwiebeln schälen, fein hacken und in einem mikrowellengeeigneten Gefäß mit Deckel zugedeckt bei Mikrowellenleistung 600 Watt 3–5 Minuten dünsten. Die Zwiebeln mit dem Kraut, dem Fleisch und dem Guß in der Form vermengen. • Auf dem Rost in der unteren Schiene bei Mikrowellenleistung 360 Watt mit Umluft 160–180° offen 25–30 Minuten backen. Den Schnittlauch über den Auflauf streuen.

Zwiebel-Kartoffelauflauf

Würzig und fein mit Schinken und Kräutern

Zutaten für 6 Personen:
1 kg Gemüsezwiebeln
750 g Kartoffeln · 40 g Butter
40 g Mehl · ½ l Milch
⅛ l Weißwein oder Brühe
200 g Kräuterschmelzkäse · Salz
schwarzer Pfeffer, frisch gemahlen · 350 g gekochter Schinken · 1 Bund Petersilie
1 Bund Schnittlauch
125 g Gouda (in dünnen Scheiben)

Preiswert

Pro Person etwa: 2400 kJ/570 kcal
Vorbereitungszeit: 50 Minuten

	Einstellung	Garzeit/ Minuten
Nur Mikrowellen	600 Watt	7– 9
Nur Mikrowellen	600 Watt	7–10
Mikrowellen mit Umluft	600 Watt 150–160°	35–40
oder		
Mikrowellen mit Ober- und Unterhitze	600 Watt 160–170°	35–40
Gesamtgarzeit		49–59

Die Zwiebeln schälen und in sehr feine Ringe schneiden. In eine hohe, große mikrowellengeeignete, hitzebeständige Auflaufform mit Deckel geben. Zugedeckt bei Mikrowellenleistung 600 Watt 7–9 Minuten dünsten. • Die Kartoffeln schälen, waschen, ebenfalls in dünne Scheiben schneiden und nochmals waschen. Abtropfen lassen und zu den Zwiebeln geben. • Die Butter und das Mehl in ein hohes mikrowellengeeignetes Gefäß geben. Bei Mikrowellenleistung 600 Watt in 1–2 Minuten schmelzen, verrühren und die Milch und den Wein oder die Brühe untermischen. Die Sauce bei Mikrowellenleistung 600 Watt 6–8 Minuten eindicken lassen. Zwischendurch einmal umrühren, den Schmelzkäse hinzufügen und in der Sauce auflösen lassen. Mit Salz und Pfeffer würzen. • In der Zwischenzeit den Schinken fein würfeln. • Die Petersilie und den Schnittlauch waschen. Die Petersilie fein hacken und den Schnittlauch in Röllchen schneiden. • Die Zwiebeln, die Kartoffeln, den Schinken, die Petersilie, den Schnittlauch und die Sauce miteinander mischen. Den Auflauf glattstreichen und mit den Käsescheiben belegen. • Auf dem Rost in der unteren Schiene bei Mikrowellenleistung 600 Watt mit Umluft 150–160° 35–40 Minuten backen.

Variante: Dieser Auflauf läßt sich sehr gut abwandeln. So verwenden Sie statt Zwiebeln die gleiche Menge Lauch. Diesen der Länge nach aufschlitzen, gründlich waschen und in feine Ringe schneiden. In eine hohe, große mikrowellengeeignete, hitzebeständige Auflaufform mit Deckel geben. Zugedeckt bei Mikrowellenleistung 600 Watt 5–8 Minuten garen. Den Auflauf wie oben beschrieben fertigstellen. Etwas schneller ist der Auflauf vorbereitet, wenn Sie keine Béchamelsauce zubereiten, sondern einen Sahneguß. Dafür 400 g Sahne mit ⅛ l Milch, 3 Eiern und 100 g geriebenem Emmentaler verschlagen. Mit Salz, Pfeffer und Muskatnuß würzen. Je nach Wunsch können Sie diesen Auflauf dann auch wie oben beschrieben mit Käsescheiben belegen. Den Auflauf wie oben beschrieben fertiggaren, bis er eine goldgelbe Kruste hat.

Mein Tip: Bei der Zubereitung von Aufläufen können Sie die Zutaten beliebig austauschen. Je nach Geschmack können Sie verschiedene Käsesorten verwenden. Statt Kräuterschmelzkäse lösen Sie einfach die gleiche Menge geriebenen Gouda in der Sauce auf.

Hackfleisch-Kartoffelauflauf

Das Hackfleisch wird in der Pfanne angebraten

Zutaten für 4 Personen:
1 mittelgroße Zwiebel
70 g Butter · 500 g gemischtes
Hackfleisch · Salz · schwarzer
Pfeffer, frisch gemahlen
¼ Teel. getrockneter Majoran
1 kg Kartoffeln
1 mittelgroße Stange Lauch
⅜ l kräftige Brühe
3 Eßl. Speisestärke
100 g Sahne
2 Teel. grüner Pfeffer, ganz
100 g Emmentaler

Gelingt leicht

Pro Person etwa: 3500 kJ/830 kcal
Vorbereitungszeit: 30 Minuten

	Einstellung	Garzeit/ Minuten
Nur Mikrowellen	600 Watt	5–6
Mikrowellen mit Ober- und Unterhitze	600 Watt 190–210°	25–30
oder		
Mikrowellen mit Umluftgrill	600 Watt 170–190°	25–30
Gesamtgarzeit		30–36

Die Zwiebel schälen und fein hacken. Etwa 20 g von der Butter in einer Pfanne auf der Herdplatte schmelzen, die Zwiebel dazugeben und glasig dünsten. • Das Hackfleisch unter Rühren kräftig anbraten, bis keine Flüssigkeit mehr austritt. Mit Salz, Pfeffer und dem Majoran würzen. • Die Kartoffeln schälen, waschen, in dünne Scheiben schneiden und nochmals gründlich waschen. • Den Lauch putzen, gründlich waschen und in etwa 1 cm breite Stücke schneiden. • Die Hälfte der Kartoffeln in eine große mikrowellengeeignete, hitzebeständige Auflaufform geben, das Hackfleisch und den Lauch darauf verteilen, die restlichen Kartoffeln darauf schichten. • In einem mikrowellengeeigneten Gefäß die Brühe mit der Speisestärke verrühren und bei Mikrowellenleistung 600 Watt in 5–6 Minuten dickflüssig werden lassen. Zwischendurch zweimal kräftig umrühren. • Die Sauce mit der Sahne mischen, über den Auflauf geben und mit dem Pfeffer bestreuen. Den Käse reiben und ebenfalls über den Auflauf streuen. Die restliche Butter in Flöckchen darauf setzen. • Auf dem Rost in der unteren Schiene bei Mikrowellenleistung 600 Watt mit Ober- und Unterhitze 190–210° 25–30 Minuten backen.

Für Hackfleischauflauf mit Gemüse

Die Hackfleischmasse wie oben beschrieben zubereiten. Dann 500 g Paprikaschoten (grüne und rote) waschen, halbieren, entkernen und in Streifen schneiden. 500 g Kartoffeln schälen, waschen, in Scheiben schneiden und nochmals waschen. 80 g Sellerie putzen und fein würfeln. Das Fleisch auf dem Boden einer mikrowellengeeigneten, hitzebeständigen Auflaufform verteilen, das Gemüse daraufgeben. Für den Guß 2 Eier mit 150 g Sahne verschlagen und über den Auflauf gießen. Mit geriebenem Käse bestreuen und wie oben beschrieben backen.

Mein Tip: Mit einer Küchenmaschine können Sie sehr schnell und gleichmäßig die Zwiebeln und den Lauch in Ringe und die Kartoffeln in Scheiben schneiden. Frisch geriebener Käse verbessert den Geschmack eines Auflaufes. Kaufen Sie den Käse nur am Stück und reiben Sie ihn kurz, bevor Sie ihn über den Auflauf streuen auf der Raffelscheibe der Küchenmaschine.

Feine Reisaufläufe

Den Reis können Sie auch konventionell zubereiten

Schinken-Reisauflauf

im Bild links sehr gut

Zutaten für 2 Personen:
65 g Langkornreis
60 g Wildreis · ¼ l Wasser
2 Schalotten · 125 g gekochter Schinken · 100 g Pfifferlinge
200 g Sahne
120 g Pfefferschmelzkäse

24/1/95

Anspruchsvoll

Pro Person etwa: 3500 kJ/830 kcal
Vorbereitungszeit: 35 Minuten

	Einstellung	Garzeit/ Minuten
Nur Mikrowellen	600 Watt	8
Nur Mikrowellen	180 Watt	15–20
Nur Mikrowellen	600 Watt	2– 3
Nur Mikrowellen	600 Watt	3– 4
Nur Mikrowellen	600 Watt	3– 5
Gesamtgarzeit		31–40

Den Reis und den Wildreis mit dem Wasser in eine mikrowellengeeignete Auflaufform mit Deckel geben. Zugedeckt bei Mikrowellenleistung 600 Watt 8 Minuten und bei 180 Watt 15–20 Minuten garen. Inzwischen die Schalotten fein hacken und in ein mikrowellengeeignetes Gefäß mit Deckel geben. • Den Schinken kleinwürfeln, die Pfifferlinge putzen und beides zu den Zwiebeln geben. Zugedeckt bei Mikrowellenleistung 600 Watt 2–3 Minuten dünsten. • Die Sahne und den Käse dazugeben und zugedeckt bei Mikrowellenleistung 600 Watt 3–4 Minuten erwärmen. • Den Schinken dann zum Reis geben, vermischen und zugedeckt bei Mikrowellenleistung 600 Watt 3–5 Minuten einköcheln lassen.

Mein Tip: Sie können den Auflauf sehr gut auch nur mit 125 g Langkornreis zubereiten. Je nach Saison tauschen Sie die Pfifferlinge mit der gleichen Menge Egerlingen aus. Eventuell mit Schnittlauchröllchen bestreuen.

Leber-Reisauflauf

im Bild rechts

Zutaten für 4 Personen:
250 g Langkornreis
½ l Wasser · 1 gehäufter Teel. Steinpilz-Hefebrühe (Reformhaus) · 400 g Jungrind- oder Schweineleber
Für die Sauce:
1 Zwiebel · 50 g Butter
40 g Mehl · ⅜ l Milch
⅛ l Rotwein · 2 Eßl. Tomatenmark · Salz · schwarzer Pfeffer
50 g frisch geriebener mittelalter Gouda
2 Eßl. gehackte Petersilie

Gut vorzubereiten

Pro Person etwa: 2500 kJ/600 kcal
Vorbereitungszeit: 35 Minuten

	Einstellung	Garzeit/ Minuten
Nur Mikrowellen	600 Watt	8
Nur Mikrowellen	180 Watt	18–20
Nur Mikrowellen	600 Watt	8–10
Gesamtgarzeit		34–38

Den Reis mit dem Wasser und der Brühe in eine hohe mikrowellengeeignete Auflaufform mit Deckel geben. Zugedeckt bei Mikrowellenleistung 600 Watt 8 Minuten und bei 180 Watt 18–20 Minuten garen. • Inzwischen die Leber in feine Streifen schneiden. • Für die Sauce die Zwiebel fein hakken. Die Butter in einem Topf auf der Herdplatte schmelzen lassen und die Zwiebel darin glasig dünsten. Das Mehl unter Rühren anschwitzen und mit der Milch und dem Rotwein ablöschen. Die Sauce unter Rühren ausquellen lassen, mit dem Tomatenmark, Salz und Pfeffer abschmecken. Die Leber und die Sauce unter den Reis mischen und mit dem Käse bestreuen. • Offen bei Mikrowellenleistung 600 Watt 8–10 Minuten garen. Mit der gehackten Petersilie bestreuen.

Lasagne mit Champignons

Das Fleisch und die Champignons werden konventionell zubereitet

Zutaten für 6–8 Personen:
Für die Hackfleischmasse:
- 2 mittelgroße Zwiebeln
- 3 Eßl. Olivenöl
- 625 g Rinderhackfleisch
- 500 g geschälte Tomaten aus der Dose · 2 Knoblauchzehen
- Salz · Pfeffer, frisch gemahlen
- Majoran · Thymian · Salbei

Für die Champignonmasse:
- 1 kg Champignons
- 2 Eßl. Olivenöl
- 1 Bund Petersilie
- 100 g Crème fraîche
- Salz · Pfeffer, frisch gemahlen
- 2 Teel. Steinpilz-Hefebrühe (Reformhaus)

Für die Béchamelsauce:
- ¼–½ l Weißwein oder Milch
- 60 g Butter · 60 g Mehl
- 100 g Gorgonzola
- Salz · Pfeffer, frisch gemahlen
- 375 g grüne Lasagneblätter (ohne vorkochen)
- 50 g Parmesan · 2 Eßl. Butter

Spezialität aus Italien

Bei 8 Personen pro Person etwa: 2800 kJ/670 kcal
Vorbereitungszeit: 55 Minuten

	Einstellung	Garzeit/ Minuten
Nur Mikrowellen	600 Watt	9½–12
Mikrowellen mit Umluft	360 Watt 180–200°	22–27
oder		
Mikrowellen mit Ober- und Unterhitze	360 Watt 200–220°	22–27
Gesamtgarzeit		31½–39

Für die Hackfleischmasse die Zwiebeln schälen und fein hacken. Das Öl in einer Pfanne erhitzen. Die Hälfte der Zwiebeln dazugeben und darin glasig dünsten. Das Hackfleisch unter Rühren kräftig anbraten. Die Tomaten untermischen. Die Knoblauchzehen schälen und dazupressen. Das Fleisch mit Salz, Pfeffer, Majoran, Thymian und Salbei würzen. Die Hackfleischmasse langsam kochen lassen, bis die Flüssigkeit verdampft ist. • In der Zwischenzeit für die Champignonmasse die Champignons waschen, putzen und blättrig schneiden. Das Olivenöl in einem Topf erhitzen und die restlichen Zwiebeln darin glasig dünsten. Die Champignons hinzufügen und so lange kochen lassen, bis die Flüssigkeit verdampft ist.
• Die Petersilie waschen und fein hacken. Mit der Crème fraîche unter die Champignons rühren und mit Salz, Pfeffer und der Brühe abschmecken. • Für die Béchamelsauce die Flüssigkeit von der Hackfleisch- und Champignonmasse in ein Litermaß abgießen und mit dem Wein oder der Milch zu ¾ l auffüllen, die Butter und das Mehl in ein hohes mikrowellengeeignetes Gefäß geben. Bei Mikrowellenleistung 600 Watt in 1½–2 Minuten schmelzen lassen, kräftig verrühren und die Flüssigkeit untermischen. Bei Mikrowellenleistung 600 Watt 8–10 Minuten dickflüssig werden lassen. Den Gorgonzola in Würfel schneiden. Die Sauce zwischendurch einmal umrühren, dann den Käse hinzufügen und in der Sauce auflösen lassen. Mit Salz und Pfeffer würzen. • Den Boden einer großen mikrowellengeeigneten, hitzebeständigen Auflaufform mit einem Drittel der Lasagneblätter auslegen. Das Hackfleisch darauf verteilen. Ein Drittel der Sauce auf das Hackfleisch geben. Die Hälfte der restlichen Nudelplatten in die Form einschichten. • Die Champignons darauf verteilen und mit den restlichen Nudelplatten belegen. Diese mit der restlichen Béchamelsauce begießen.
• Den Parmesan fein reiben und darüber streuen. Die Butter in Flöckchen darauf verteilen.
• Auf dem Rost in der unteren Schiene des Gerätes bei Mikrowellenleistung 360 Watt mit Umluft 180–200° 22–27 Minuten überbacken.

Mangoldlasagne

Mit zartem Putenfleisch

Zutaten für 4–5 Personen:
800 g Mangold
500 g Putenbrustfilet
2 mittelgroße Zwiebeln · Salz
weißer Pfeffer · Paprikapulver
2 Eßl. Sherry · 2 Eßl. Sojasauce
500 g Tomaten
Für die Sauce:
40 g Butter · 40 g Mehl
½ l Milch · 200 g Kräuterschmelzkäse · Salz · Pfeffer

Gelingt leicht

Bei 5 Personen pro Person etwa:
1800 kJ/430 kcal
Vorbereitungszeit: 45 Minuten

	Einstellung	Garzeit/ Minuten
Nur Mikrowellen	600 Watt	5– 8
Nur Mikrowellen	600 Watt	7–10
Mikrowellen mit Grill	600 Watt mittlere Stufe	12–17
oder		
Mikrowellen mit Umluft	600 Watt 220–240°	12–17
Gesamtgarzeit		24–35

Den Mangold waschen und die Stiele abschneiden. Die Blätter in eine große mikrowellengeeignete, hitzebeständige Auflaufform mit Deckel geben. Die Mangoldstiele auf die Blätter legen. Mit 6 Eßlöffeln Wasser zugedeckt bei Mikrowellenleistung 600 Watt 5–8 Minuten garen, zwischendurch einmal umschichten. • Das Putenbrustfilet fein pürieren, die Zwiebeln fein hacken und miteinander vermengen. Mit Salz, Pfeffer, Paprikapulver, dem Sherry und der Sojasauce abschmecken. • Die Tomaten mit kochendem Wasser überbrühen, häuten und in Scheiben schneiden. Die Mangoldblätter gut abtropfen lassen. Die Stiele sehr fein hakken und unter das Putenfleisch mischen. • Für die Sauce die Butter und das Mehl in ein hohes mikrowellengeeignetes Geschirr geben. Bei Mikrowellenleistung 600 Watt 1–2 Minuten schmelzen. Verrühren und die Milch untermischen. Bei Mikrowellenleistung 600 Watt in 6–8 Minuten dickflüssig werden lassen. Zwischendurch einmal umrühren, dann den Schmelzkäse hinzufügen und in der Sauce auflösen lassen. Mit Salz und Pfeffer würzen. • Ein Drittel Mangoldblätter in die Auflaufform legen, dann die Hälfte des Pürees darauf streichen und mit der Hälfte der Tomatenscheiben belegen. Mit einem Drittel der Sauce übergießen. Die restlichen Zutaten in der gleichen Reihenfolge noch einmal einschichten und zum Abschluß mit Mangold und Sauce bedekken. • Den Auflauf auf dem Rost in der unteren Schiene bei Mikrowellenleistung 600 Watt mit mittlerer Grillstufe 12–17 Minuten garen.

Variante: Sehr gut schmeckt diese Lasagne auch, wenn Sie statt Putenbrustfilet Hackfleisch verwenden. Dafür 2 mittelgroße Zwiebeln schälen, fein hacken und in ein mikrowellengeeignetes Gefäß mit Deckel geben. Zugedeckt bei Mikrowellenleistung 600 Watt 2–3 Minuten dünsten. 500 g Rinderhackfleisch dazugeben und mit Salz, Pfeffer, Paprikapulver, 2 Teelöffeln Senf, 1 Ei und 1 Eßlöffel Semmelbrösel vermengen. Das Hackfleisch wie die Putenbrustfiletmasse verarbeiten. Den Auflauf wie oben beschrieben garen. Je nach Saison können Sie den Mangold auch gegen 800 g Spinat austauschen. Die Vor- und die Zubereitungszeit bleiben gleich.

Mein Tip: Je nach Geschmack können Sie auch andere Käsesorten verwenden. Statt Kräuterschmelzkäse können Sie zum Beispiel die gleiche Menge frisch geriebenen Emmentaler oder mittelalten Gouda verwenden.

Seelachsfilet-Auflauf mit Mangold

Mit Curry pikant abgeschmeckt

Zutaten für 4–5 Personen:
800 g Mangold · 3 mittelgroße Zwiebeln · 1 Eßl. Butter
250 g Crème fraîche · Salz
weißer Pfeffer, frisch gemahlen
Currypulver
750 g Seelachsfilet
4 Eßl. Zitronensaft
4 Eßl. Mangochutney
3 Eßl. Mandelblättchen
40 g Butter

Anspruchsvoll

Bei 5 Personen pro Person: 2000 kJ/ 480 kcal
Vorbereitungszeit: 35 Minuten

	Einstellung	Garzeit/ Minuten
Nur Mikrowellen	600 Watt	5– 7
Mikrowellen mit Grill	360 Watt mittlere Stufe	12–14
Gesamtgarzeit		17–21

Den Mangold von den groben Stielen und Rippen streifen. Mit 5 Eßlöffeln Wasser in eine mikrowellengeeignete, hitzebeständige Auflaufform mit Deckel geben. Zugedeckt bei Mikrowellenleistung 600 Watt 5–7 Minuten garen.
• Inzwischen die Zwiebeln schälen und mit den Mangoldstielen und -rippen sehr fein hacken. Die Butter in einem Topf erhitzen und die Zwiebeln darin dünsten. • Die Mangoldblätter in einem Sieb abtropfen lassen.
• Die Crème fraîche zu den Zwiebeln geben, mit Salz, Pfeffer und Curry würzen und im offenen Topf bei schwacher Hitze etwas Flüssigkeit verdampfen lassen. • Den Fisch säubern, mit dem Zitronensaft beträufeln, salzen und mit dem Chutney bestreichen. • Die Hälfte der Mangoldblätter auf dem Boden der Form verteilen. Die Filets darauflegen. Die Hälfte der Crème-fraîche-Masse darüber geben und mit dem restlichen Mangold und der restlichen Crème-fraîche-Masse bedecken. Die Mandeln darüber streuen und die Butter in Flöckchen darauf verteilen. • Auf dem Rost in der mittleren Schiene bei Mikrowellenleistung 360 Watt mit mittlerer Grillstufe 12–14 Minuten garen.

Pikante Quarkaufläufe

Beide Aufläufe werden nur mit Mikrowellen gegart

Schinkenauflauf

im Bild links

Zutaten für 4 Personen:
500 g Magerquark · 250 g saure Sahne · 4 Eigelb · Salz · weißer Pfeffer · Muskatnuß, frisch gerieben · 2 Eßl. Speisestärke
200 g Schinkenspeck oder Bratenaufschnittreste
4 Eiweiß
Für die Form:
Butter und Semmelbrösel

Preiswert

Pro Person etwa: 2000 kJ/480 kcal
Vorbereitungszeit: 15 Minuten

	Einstellung	Garzeit/Minuten
Nur Mikrowellen	600 Watt	14–16

Den Quark, die saure Sahne und die Eigelbe verschlagen. Mit Salz, Pfeffer und Muskat würzen. Die Speisestärke untermischen. • Den Schinkenspeck sehr fein würfeln und zur Quarkmasse geben. • Die Eiweiße steif schlagen und mit den Schinkenwürfeln vorsichtig unter die Quarkmasse heben. • Eine mikrowellengeeignete Auflaufform ausfetten, mit Semmelbröseln ausstreuen und die Quark-Schinkenmasse einfüllen. Bei Mikrowellenleistung 600 Watt 14–16 Minuten garen.

Mein Tip: Wenn Sie den Auflauf leicht gebräunt haben möchten, schieben Sie ihn auf dem Rost in die untere Schiene des Gerätes und garen ihn bei Mikrowellenleistung 600 Watt mit mittlerer Grillstufe 14–16 Minuten, bis er schön braun ist. Wenn Ihr Gerät diese Kombinationsmöglichkeit nicht hat, können Sie den Auflauf auch unter dem vorgeheizten Grill Ihres Backofens noch 2–3 Minuten braun werden lassen.

Kartoffelauflauf mit Quark

gut 28/1/95

im Bild rechts

Zutaten für 4 Personen:
500 g Kartoffeln
Pergamentpapier zum Abdecken
1 mittelgroße Zwiebel
500 g Magerquark · 2 Eigelb
⅛ l Milch · 2 Eßl. Grieß
1 Bund feingehackte Petersilie
Salz · weißer Pfeffer
Muskatnuß, frisch gerieben
2 Eiweiß · 50 g frisch geriebener Emmentaler

Preiswert

Pro Person etwa: 1300 kJ/310 kcal
Vorbereitungszeit: 20 Minuten

	Einstellung	Garzeit/Minuten
Nur Mikrowellen	600 Watt	5– 7
Nur Mikrowellen	600 Watt	1– 2
Nur Mikrowellen	600 Watt	14–18
Gesamtgarzeit		20–27

Die Kartoffeln schälen, waschen und mit 2 Eßlöffeln Wasser in ein mikrowellengeeignetes Gefäß mit Deckel geben. Das Pergamentpapier anfeuchten und die Kartoffeln damit bedecken. Zugedeckt bei Mikrowellenleistung 600 Watt 5–7 Minuten garen. • Die Zwiebel sehr fein hacken. • Die Kartoffeln abgießen und abkühlen lassen. • Die Zwiebel in demselben Gefäß zugedeckt bei Mikrowellenleistung 600 Watt 1–2 Minuten dünsten. • Die Kartoffeln in Scheiben schneiden und in eine mikrowellengeeignete Auflaufform schichten. • Den Quark mit den Eigelben, der Milch, dem Grieß, der Petersilie und den Zwiebeln verrühren. Mit Salz, Pfeffer und Muskatnuß würzen. Die Eiweiße steif schlagen und unterheben. Die Quarkmasse über die Kartoffeln geben und mit dem Käse bestreuen. • Bei Mikrowellenleistung 600 Watt 14–18 Minuten garen.

Klassische Brotaufläufe

Pikant mit Schinken und Käse

Ofenschlupfer

im Bild vorne

Zutaten für 4 Personen:
Für die Form: Butter
3 Brötchen vom Vortag · 4 Eier
250 g Sahne · Salz · weißer
Pfeffer · Muskatnuß, frisch
gerieben · 2 mittelgroße
Zwiebeln · 150 g Schinkenspeck
20 g Butter

Preiswert

Pro Person etwa: 2400 kJ/570 kcal
Vorbereitungszeit: 15 Minuten

	Einstellung	Garzeit/ Minuten
Nur Mikrowellen	600 Watt	2– 3
Mikrowellen mit Grill	600 Watt mittlere Stufe	8–10
Gesamtgarzeit		10–13

Eine flache mikrowellengeeignete, hitzebeständige Auflaufform ausfetten. • Die Brötchen in dünne Scheiben schneiden und dachziegelartig in die Form einschichten. • Die Eier mit der Sahne verschlagen. Mit Salz, Pfeffer und Muskatnuß würzen und über die Brötchenscheiben gießen. • Die Zwiebeln schälen, sehr fein hacken und in ein mikrowellengeeignetes Gefäß mit Deckel geben. Den Schinkenspeck fein würfeln und mit der Butter zu den Zwiebeln geben. Zugedeckt bei Mikrowellenleistung 600 Watt 2–3 Minuten dünsten. • Das Schinken-Zwiebelgemisch auf die Brötchenscheiben verteilen. Den Auflauf auf dem Rost in die obere Schiene schieben. Offen bei Mikrowellenleistung 600 Watt 8–10 Minuten mit mittlerer Grillstufe backen. • Den Auflauf mit Tomatensalat servieren.

Ramequin

im Bild hinten

Zutaten für 3 Personen:
6 Scheiben Toastbrot
6 Eßl. trockener Weißwein
6 Scheiben gekochter Schinken
6 Scheiben junger Gouda
3 Eiweiß · 3 Eigelb
125 g Sahne · ⅛ l Milch
½ Bund Schnittlauch · Salz
weißer Pfeffer · Muskatnuß,
frisch gerieben

Klassisches Gericht

Pro Person etwa: 2000 kJ/480 kcal
Vorbereitungszeit: 10 Minuten

	Einstellung	Garzeit/ Minuten
Mikrowellen mit Grill	600 Watt starke Stufe	5– 7

Die Brotscheiben goldgelb toasten und auskühlen lassen. Den Weißwein über die Brotscheiben träufeln. Mit dem gekochten Schinken und dem Käse belegen. Die Scheiben schuppenförmig in eine mikrowellengeeignete, hitzebeständige Auflaufform schichten. • Die Eiweiße steif schlagen. • Die Eigelbe mit der Sahne und der Milch verrühren. • Den Schnittlauch waschen, in Röllchen schneiden und zur Sahne geben. Mit Salz, Pfeffer und Muskatnuß pikant abschmekken. • Den Eischnee vorsichtig unter die Eiersahne heben und die Masse über die Toastbrotscheiben gießen. • Auf dem Rost in der mittleren Schiene bei Mikrowellenleistung 600 Watt mit mittlerer Grillstufe 5–7 Minuten überbacken.

Mein Tip: Sie können dieses Gericht verfeinern, indem Sie entweder 6 Ananasscheiben aus der Dose oder 6 Tomaten in Scheiben jeweils zwischen eine Schinken- und Käsescheibe legen.

Gefüllte Cannelloni

Schmeckt auch mit anderen Füllungen

Zutaten für 4 Personen:
Für die Füllung:
1 mittelgroße Zwiebel
600 g Hackfleisch vom Lamm
1 Ei · 1 Eßl. Semmelbrösel
2 Eßl. Tomatenmark · 1 rote Paprikaschote · 1 Bund Basilikum · Salz · weißer Pfeffer, frisch gemahlen · Paprikapulver
Cayennepfeffer
Zum Füllen:
250 g Cannelloni (ohne vorkochen)
Für die Sauce:
500 g Tomaten
Salz · weißer Pfeffer, frisch gemahlen · Paprikapulver
1 grüne Paprikaschote
100 g Mascarpone
100 g Crème fraîche
60 g Parmesan

Anspruchsvoll

Pro Person etwa: 3300 kJ/790 kcal
Vorbereitungszeit: 50 Minuten

	Einstellung	Garzeit/ Minuten
Nur Mikrowellen mit Ober- und Unterhitze	360 Watt 180–200°	25–30
oder		
Mikrowellen mit Umluft	360 Watt 160–180°	

Für die Füllung die Zwiebel schälen und fein hacken. Das Hackfleisch mit dem Ei, den Semmelbröseln, dem Tomatenmark und den Zwiebeln vermengen. Die Paprikaschote putzen, fein würfeln und zum Hackfleisch geben. Das Basilikum waschen, mit Küchenpapier trockentupfen und in feine Streifen schneiden. Die Hälfte zum Hackfleisch geben. Mit Salz, Pfeffer, Paprikapulver und Cayennepfeffer kräftig abschmecken. Mit einem Teelöffel oder Spritzbeutel die Cannelloni mit der Hackfleischmasse füllen. Nebeneinander in eine mikrowellengeeignete, hitzebeständige Auflaufform legen.

• Für die Sauce die Tomaten kreuzweise einschneiden, mit kochendem Wasser überbrühen, häuten und pürieren. Mit dem restlichen Basilikum verrühren und mit Salz, Pfeffer und Paprikapulver würzen. Die Paprikaschote putzen, fein würfeln und mit dem Mascarpone und der Crème fraîche zu den Tomaten geben. Alles gut vermischen und nochmals kräftig würzen. Die Sauce über die Cannelloni gießen. • Den Parmesan reiben und über den Auflauf streuen. Auf dem Rost in der unteren Schiene bei Mikrowellenleistung 360 Watt mit Ober- und Unterhitze 180–200° 25–30 Minuten backen.

Variante: Die Cannelloni können Sie mit anderen Füllungen oder Saucen abwandeln. Verwenden Sie statt Hackfleisch vom Lamm die gleiche Menge gemischtes oder Rinderhackfleisch. Statt der Paprikaschote können Sie 2 Tomaten häuten und in Würfel schneiden oder ganz weglassen. Zu grünen Cannelloni paßt sehr gut eine kräftige Gorgonzolasauce. Dafür 1 mittelgroße Zwiebel fein hacken und mit 40 g Butter und 40 g Mehl in ein mikrowellengeeignetes Gefäß geben. Bei Mikrowellenleistung 600 Watt in 1–2 Minuten schmelzen lassen. Kräftig umrühren und mit ¼ l Milch, ⅛ l kräftiger Brühe und ⅛ l Sahne auffüllen und verrühren. Bei Mikrowellenleistung 600 Watt 4–6 Minuten dickflüssig werden lassen. Nach der Hälfte der Garzeit umrühren und 125 g Gorgonzola hinzufügen. Den Käse in der restlichen Zeit in der Sauce schmelzen lassen. Die Cannelloni wie oben beschrieben zubereiten, mit der Gorgonzolasauce übergießen und wie beschrieben fertiggaren.

Lachslasagne

Geeignet als Vorspeise oder Hauptgericht

Zutaten für 4 Personen:
600 g Broccoli · 2 Eßl. Wasser
Pergamentpapier zum Abdecken · 600 g Lachsfilet
Saft von 1 Zitrone · 50 g Butter
50 g Mehl · ¼ l Milch
¼ l Fischfond · ⅛ l Weißwein
80 g Nußschmelzkäse
150 g Lasagneblätter (ohne vorkochen) · 1 Eßl. gehackte Pistazien

Anspruchsvoll

Pro Person etwa: 3200 kJ/760 kcal
Vorbereitungszeit: 40 Minuten

	Einstellung	Garzeit/ Minuten
Nur Mikrowellen	600 Watt	3– 5
Nur Mikrowellen	600 Watt	7–10
Mikrowellen mit Ober- und Unterhitze	360 Watt 200–220°	18–22
oder		
Mikrowellen mit Umluft	360 Watt 180–200°	18–22
Nur Mikrowellen	600 Watt	1
Gesamtgarzeit		29–38

Den Broccoli putzen, in kleine Röschen zerteilen und mit dem Wasser in ein hohes mikrowellengeeignetes Gefäß mit Deckel geben. Das Pergamentpapier mit Wasser vollständig anfeuchten und auf die Broccoliröschen legen. Zugedeckt bei Mikrowellenleistung 600 Watt in 3–5 Minuten bißfest garen. • Inzwischen den Lachs säubern und eventuell vorhandene Gräten entfernen. Den Lachs in feine, etwa ½–1 cm breite Streifen schneiden und mit der Hälfte des Zitronensaftes beträufeln. • Den Broccoli in einem Sieb abtropfen lassen. • Die Butter und das Mehl in dasselbe Gefäß geben und bei Mikrowellenleistung 600 Watt in 1–2 Minuten schmelzen lassen. Kräftig verrühren und die Milch, den Fischfond und den Wein untermischen. Die Sauce bei Mikrowellenleistung 600 Watt 6–8 Minuten dickflüssig werden lassen. Zwischendurch einmal umrühren, dabei den Käse hinzufügen und in der restlichen Zeit in der Sauce schmelzen lassen. • Eine mikrowellengeeignete Auflaufform mit einem Drittel der Lasagneplatten auslegen. Gegebenenfalls einige Nudelblätter durchbrechen und die Ränder damit auslegen. • Die Hälfte der Broccoliröschen mit der Hälfte der Lachsstreifen schuppenförmig auf den Lasagneblättern einschichten. Ein Viertel der Sauce darüber gießen. • Die Hälfte der restlichen Nudelblätter darauf verteilen. Den restlichen Broccoli und Lachs wieder schuppenförmig einschichten, mit der Hälfte der Sauce übergießen und den restlichen Lasagneplatten bedecken. Von der Sauce 2 Eßlöffel abnehmen und beiseite stellen. Den Rest über die letzte Schicht Nudelplatten gießen. Auf dem Rost in der unteren Schiene bei Mikrowellenleistung 360 Watt mit Ober- und Unterhitze 200–220° 18–22 Minuten garen. • Die Lachslasagne aus dem Gerät nehmen. Die restliche Sauce bei Mikrowellenleistung 600 Watt 1 Minute erwärmen, über die Lasagne gießen und mit den Pistazien bestreut servieren.

Mein Tip: Dieses Gericht reicht als Hauptgericht für vier Personen und als Vorspeise oder Zwischengericht sehr gut für acht Personen.

Variante: Preiswerter und etwas einfacher wird dieses Rezept, wenn Sie das Lachsfilet gegen eine andere Sorte Fischfilet austauschen – zum Beispiel die gleiche Menge Goldbarschfilet oder Kabeljau. Statt Nußschmelzkäse können Sie auch die gleiche Menge mittelalten, frisch geriebenen Gouda in der Béchamelsauce schmelzen lassen. Damit es nussig schmeckt, geben Sie 1 Eßlöffel feingehackte Walnüsse dazu.

Fischaufläufe mit Gemüse

Köstlichkeiten mit Seelachs und Kabeljau

Seelachsauflauf

im Bild links

Zutaten für 4 Personen:
4 Scheiben Seelachsfilet (je etwa 150 g) · Saft von 1 Zitrone
Salz · 300 g Schalotten
30 g Butter
600 g Champignons
1 Bund Petersilie · 100 g Sahne
1 Teel. Steinpilz-Hefebrühe (Reformhaus) · weißer Pfeffer, frisch gemahlen

Gelingt leicht

Pro Person etwa: 1300 kJ/130 kcal
Vorbereitungszeit: 30 Minuten

	Einstellung	Garzeit/ Minuten
Nur Mikrowellen	600 Watt	10–12

Den Seelachs säubern, mit dem Zitronensaft beträufeln und salzen. • Die Schalotten schälen und fein hacken. Die Champignons putzen und blättrig schneiden. • Die Butter in einer Pfanne auf der Herdplatte erhitzen und die Schalotten darin glasig dünsten. Die Champignons zu den Schalotten geben und dünsten, bis die Flüssigkeit verdampft ist. • Die Petersilie waschen, trockentupfen, fein hacken und 2 Eßlöffel davon beiseite stellen. Die restliche Petersilie und die Sahne zu den Pilzen geben und einkochen lassen. Mit der Brühe, Salz und Pfeffer würzen. • Dann 2 Seelachsfilets in eine mikrowellengeeignete, hitzebeständige Auflaufform legen, die Hälfte der Champignonmasse darauf verteilen. Mit den beiden restlichen Filetscheiben belegen und dem Gemüse bedecken. Bei Mikrowellenleistung 600 Watt 10–12 Minuten garen. Die restliche Petersilie darüber streuen.

Kabeljauauflauf

im Bild rechts

Zutaten für 4 Personen:
600 g Kabeljau · Saft von 1 Zitrone · Salz · 500 g Tomaten
300 g Zucchini · 200–250 ccm Milch · 30 g Butter · 30 g Mehl
1 Knoblauchzehe · weißer Pfeffer · 1 Bund Basilikum, fein gehackt · 100 g Gouda (dünne Scheiben)

Preiswert

Pro Person etwa: 1500 kJ/360 kcal
Vorbereitungszeit: 35 Minuten

	Einstellung	Garzeit/ Minuten
Nur Mikrowellen	600 Watt	5– 7
Nur Mikrowellen	600 Watt	5– 6½
Mikrowellen mit Grill	600 Watt mittlere Stufe	10–12
Gesamtgarzeit		20–25½

Den Fisch säubern, mit dem Zitronensaft beträufeln und salzen. • Die Tomaten häuten. Die Tomaten und die Zucchini in Scheiben schneiden. Beides mit 4 Eßlöffeln Wasser in eine mikrowellengeeignete Auflaufform mit Deckel geben. Zugedeckt bei Mikrowellenleistung 600 Watt 5–7 Minuten garen. • Das Gemüsewasser abgießen, auffangen und mit der Milch auf 300 ccm auffüllen. • Die Butter mit dem Mehl in einem hohen mikrowellengeeignetem Gefäß bei Mikrowellenleistung 600 Watt in 1–1½ Minuten schmelzen und mit der Flüssigkeit verrühren. Bei Mikrowellenleistung 600 Watt 4–5 Minuten eindicken. Einmal umrühren. • Den Knoblauch schälen und dazupressen, mit Salz, Pfeffer und der Hälfte des Basilikums würzen. Den Fisch und die Sauce auf das Gemüse geben und mit dem Käse belegen. Auf dem Rost in der unteren Schiene bei Mikrowellenleistung 600 Watt mit mittlerer Grillstufe 12–12 Minuten garen. Mit Basilikum bestreuen.

Rotbarsch-Mangoauflauf

Eine ungewöhnliche Kombination

Zutaten für 2 Personen:
1 kleine Mango · 2 Scheiben
Rotbarschfilet (je etwa 200 g)
Saft von ½ Zitrone · Salz
weißer Pfeffer, frisch gemahlen
2 Eßl. Mango-Chutney
150 g Crème fraîche
100 ccm Weißwein
1 mittelgroßer Apfel
Currypulver · Zucker
1 mittelgroße Kiwi

Anspruchsvoll

Pro Person etwa: 2700 kJ/640 kcal
Vorbereitungszeit: 20 Minuten

	Ein-stellung	Garzeit/Minuten
Mikrowellen mit Grill	600 Watt mittlere Stufe	10–12
oder		
Mikrowellen mit Umluftgrill	600 Watt 200–220°	10–12

Die Mango schälen und in dünne Spalten schneiden. Zwei Drittel davon auf dem Boden einer mikrowellengeeigneten, hitzebeständigen Auflaufform verteilen. • Die Filets säubern, mit dem Zitronensaft beträufeln, mit Salz und Pfeffer würzen. Den Fisch mit dem Chutney bestreichen und auf die Mangospalten legen. • Die Crème fraîche mit dem Wein verschlagen. Den Apfel schälen, vierteln, vom Kerngehäuse befreien und in die Crème-fraîche-Sauce raspeln. Mit Salz, Pfeffer, Curry und Zucker abschmecken. • Die Sauce über die Filets gießen. Auf dem Rost in der unteren Schiene bei Mikrowellenleistung 600 Watt mit mittlerer Grillstufe 10–12 Minuten garen. • Die restlichen Mangospalten in Stücke schneiden. Die Kiwi schälen und in Scheiben schneiden. Den Auflauf mit dem Obst anrichten und servieren.

Mein Tip: Sie können den Auflauf noch mit 60 g geriebenem mittelaltem Gouda bestreuen. Sie können ihn in derselben Zeit auch nur mit Mikrowellen garen. Dann wird er allerdings nicht braun.

Blumenkohlaufläufe mit Hackfleisch oder Schinken

Können auch mit Broccoli zubereitet werden

Blumenkohl-Hackfleischauflauf

Sch. gut

im Bild hinten

Zutaten für 2 Personen:
1 Blumenkohl (etwa 800 g)
Pergamentpapier zum
Abdecken · 500 g Tomaten
1 mittelgroße Zwiebel
2 Eßl. Maiskeimöl
300 g Rinderhackfleisch · Salz
schwarzer Pfeffer, frisch
gemahlen · Paprikapulver
3 Eßl. frisch geriebener
mittelalter Gouda

Gelingt leicht

Pro Person etwa: 2600 kJ/620 kcal
Vorbereitungszeit: 20 Minuten

	Einstellung	Garzeit/ Minuten
Nur Mikrowellen	600 Watt	10–14
Mikrowellen mit Grill	600 Watt starke Stufe	5– 8
Gesamtgarzeit		15–22

Den Blumenkohl putzen und im Ganzen mit 3 Eßlöffeln Wasser in ein hohes mikrowellengeeignetes Gefäß mit Deckel legen. Das Pergamentpapier anfeuchten und auf den Blumenkohl legen. Zugedeckt bei Mikrowellenleistung 600 Watt 10–14 Minuten garen. • Die Tomaten häuten und fein würfeln. Die Zwiebel schälen und fein hacken. Das Öl in einer Pfanne auf der Herdplatte erhitzen und die Zwiebel darin glasig dünsten. Das Fleisch hinzufügen und anbraten. Die Tomatenwürfel dazugeben und einkochen lassen, bis die Flüssigkeit verdampft ist. Mit Salz, Pfeffer und Paprikapulver würzen. • Die Hackfleischmasse in eine mikrowellengeeignete, hitzebeständige Auflaufform geben. Den Blumenkohl darauf setzen und mit dem Käse bestreuen. • Auf dem Rost in der unteren Schiene bei Mikrowellenleistung 600 Watt mit starker Grillstufe 5–8 Minuten überbacken.

Blumenkohl-Schinkenauflauf

im Bild vorne

Zutaten für 3 Personen:
1 Blumenkohl (etwa 600 g)
Pergamentpapier zum
Abdecken · ¼ l Milch · 4 Eier
Salz · weißer Pfeffer
Muskatnuß, frisch gerieben
½ Bund Schnittlauch
3 Scheiben gekochter Schinken

Preiswert

Pro Person etwa: 1100 kJ/260 kcal
Vorbereitungszeit: 15 Minuten

	Einstellung	Garzeit/ Minuten
Nur Mikrowellen	600 Watt	6– 8
Nur Mikrowellen	600 Watt	10–14
Gesamtgarzeit		16–22

Den Blumenkohl putzen, in Röschen zerteilen und mit 3 Eßlöffeln Wasser in eine mikrowellengeeignete Auflaufform mit Deckel geben. Das Pergamentpapier anfeuchten und auf den Blumenkohl legen. Zugedeckt bei Mikrowellenleistung 600 Watt 6–8 Minuten garen. • Die Milch mit den Eiern verschlagen, mit Salz, Pfeffer und Muskatnuß würzen. • Den Schnittlauch waschen, in Röllchen schneiden und zur Eiermilch geben. • Den Schinken fein würfeln, mit dem Blumenkohl mischen und mit dem Guß übergießen. Den Auflauf bei Mikrowellenleistung 600 Watt 10–14 Minuten garen.

Mein Tip: Lassen Sie den gekochten Schinken einfach weg und reichen Sie den Auflauf als Gemüsebeilage zu kurzgebratenem Fleisch.

Grünkohlauflauf

Schmeckt auch mit Wirsing

Zutaten für 3 Personen:
500 g Kartoffeln
600 g tiefgefrorener Grünkohl
300 g Cabanossi · ¼ l Brühe
3 Eßl. Speisestärke · Salz
schwarzer Pfeffer · Muskatnuß, frisch gerieben · 125 g Crème fraîche · 1 Eßl. Semmelbrösel
½ Teel. Zucker · 30 g Butter

Preiswert

Pro Person etwa: 4100 kJ/980 kcal
Vorbereitungszeit: 20 Minuten

	Einstellung	Garzeit/ Minuten
Nur Mikrowellen	600 Watt	6– 8
Nur Mikrowellen	600 Watt	6– 8
Nur Mikrowellen	600 Watt	3– 4
Mikrowellen mit Grill	600 Watt starke Stufe	6– 8
Gesamtgarzeit		21–28

Die Kartoffeln schälen und mit 3 Eßlöffeln Wasser in einem mikrowellengeeignetem Gefäß mit Deckel zugedeckt bei Mikrowellenleistung 600 Watt 6–8 Minuten garen. • Den Grünkohl in eine mikrowellengeeignete, hitzebeständige Form geben und bei 600 Watt in 6–8 Minuten auftauen lassen. Dann die Hälfte des Grünkohls aus der Form nehmen und beiseite stellen. • Die Cabanossi in Scheiben schneiden und die Hälfte auf dem Grünkohl verteilen. • Die Kartoffeln abgießen und in Scheiben schneiden. Die Hälfte auf die Cabanossi legen. • Die Brühe in das Gefäß geben, in dem die Kartoffeln gekocht wurden und mit der Speisestärke verrühren. Bei Mikrowellenleistung 600 Watt 3–4 Minuten dickflüssig werden lassen. Einmal umrühren. • Die Sauce mit Salz, Pfeffer und Muskat würzen und die Crème fraîche unterrühren. Die Hälfte über die Kartoffeln in die Form gießen. • Die restlichen Zutaten in der gleichen Reihenfolge darauf schichten. Die Semmelbrösel mit dem Zucker mischen, über den Auflauf streuen und die Butter in Flöckchen darauf setzen. • Auf dem Rost in der unteren Schiene bei Mikrowellenleistung 600 Watt mit starker Grillstufe 6–8 Minuten backen.

Feine Aufläufe mit Putenbrust

Durch Apfelsinen oder Ananas süß im Geschmack

Putenbrustauflauf mit Apfelsinen

im Bild links

Zutaten für 4 Personen:
6 Scheiben Toastbrot
400 g Putenbrust
2 Eßl. Mangochutney
Currypulver · 2 Eßl. Rosinen
80 g gehobelte Mandeln
4 mittelgroße Tomaten
2 Apfelsinen · 2 Eßl. Sonnenblumenöl · 4 Eier · ¼ l Milch
1 Eßl. Speisestärke · Salz
weißer Pfeffer, frisch gemahlen

Spezialität aus der Türkei

Pro Person etwa: 2300 kJ/550 kcal
Vorbereitungszeit: 30 Minuten

	Einstellung	Garzeit/ Minuten
Mikrowellen mit Grill	600 Watt schwache Stufe	18–22
oder		
Mikrowellen mit Umluft	600 Watt 200–220°	18–22

Die Brotscheiben toasten. Eine mikrowellengeeignete, hitzebeständige Auflaufform damit auslegen. • Die Putenbrust klein würfeln, mit dem Mangochutney und Curry mischen und auf die Toastscheiben verteilen. Die Rosinen heiß abspülen und mit der Hälfte der Mandelblättchen über das Fleisch streuen. • Die Tomaten mit kochendem Wasser überbrühen, häuten und in Scheiben schneiden. Die Apfelsinen schälen und in Scheiben schneiden. Abwechselnd Tomaten und Apfelsinen schuppenförmig in die Form legen. Mit dem Öl beträufeln. • Die Eier, die Milch und die Speisestärke verschlagen. Mit Salz und Pfeffer abschmecken und über die Tomaten- und Apfelsinenscheiben gießen. • Auf dem Rost in der unteren Schiene bei Mikrowellenleistung 600 Watt mit schwacher Grillstufe 18–22 Minuten garen.

Putenbrustauflauf mit Ananas

im Bild rechts

Spitze sehr gut

Zutaten für 4 Personen:
2 Schalotten · 25 g Butter
25 g Mehl · 2 Teel. Currypulver
⅛ l Milch · 125 g Sahne
400 g Broccoli · 600 g Putenbrustfilet · ½ Teel. Ingwer, frisch gerieben · Salz · weißer Pfeffer, frisch gemahlen
3 Scheiben Ananas aus der Dose

Gelingt leicht

Pro Person etwa: 1700 kJ/400 kcal
Vorbereitungszeit: 20 Minuten

	Einstellung	Garzeit/ Minuten
Nur Mikrowellen	600 Watt	4– 6
Mikrowellen mit Grill	600 Watt mittlere Stufe	15–18
oder		
Mikrowellen mit Umluft	600 Watt 220–240°	15–18
Gesamtgarzeit		19–24

Die Schalotten schälen und fein hacken. Mit der Butter und dem Mehl in ein hohes mikrowellengeeignetes Gefäß geben. Bei Mikrowellenleistung 600 Watt 1–2 Minuten dünsten und kräftig verrühren. • Den Curry, die Milch und die Sahne untermischen. Bei Mikrowellenleistung 600 Watt 3–4 Minuten eindicken. • Den Broccoli waschen, in Röschen teilen und am Rand einer mikrowellengeeigneten, hitzebeständigen Auflaufform verteilen. • Das Fleisch in Stücke schneiden, mit dem Ingwer, Salz und Pfeffer würzen und in die Mitte der Form geben. • Die Currysauce über das Gemüse und das Fleisch gießen. Die Ananasscheiben halbieren und auf den Broccoli legen. • Den Auflauf auf dem Rost in der unteren Schiene bei Mikrowellenleistung 600 Watt mit mittlerer Grillstufe 15–18 Minuten garen.

Pikante Gemüseaufläufe mit Geflügelfleisch

Dazu paßt Stangenweißbrot mit Knoblauchbutter

Lauchauflauf mit Hähnchenbrustfilet

im Bild vorne

Zutaten für 2 Personen:

500 g Lauch
300 g Hähnchenbrustfilet
3 Eßl. Sojasauce · Salz
weißer Pfeffer, frisch gemahlen
Currypulver · 1 kleine Banane
125 g Crème fraîche
80 g mittelalter Gouda

Preiswert

Pro Person etwa: 2900 kJ/690 kcal
Vorbereitungszeit: 15 Minuten

	Einstellung	Garzeit/ Minuten
Nur Mikrowellen	600 Watt	4– 6
Nur Mikrowellen	600 Watt	7– 9
Gesamtgarzeit		11–15

Den Lauch gründlich waschen, in sehr feine Ringe schneiden und mit 2 Eßlöffeln Wasser in eine mikrowellengeeignete Auflaufform mit Deckel geben. Zugedeckt bei Mikrowellenleistung 600 Watt 4–6 Minuten dünsten. • Inzwischen das Hähnchenbrustfilet in feine Streifen schneiden und mit der Sojasauce vermischen. Mit Salz, Pfeffer und Curry würzen. • Die Banane schälen und in Scheiben schneiden. • Den Lauch vorsichtig abgießen. Die Hähnchenbruststreifen, die Bananenscheiben und die Crème fraîche zum Lauch geben und in derselben Form vermischen. • Den Käse reiben und über den Auflauf streuen. Offen bei Mikrowellenleistung 600 Watt 7–9 Minuten garen, bis der Käse zerlaufen ist.

Mein Tip: Sie können das Hähnchenbrustfilet auch gegen die gleiche Menge Putenbrustfilet austauschen.

sehr gut
mit Pute
20.4.95

Rosenkohlauflauf mit Putenbrust

im Bild hinten

Zutaten für 3 Personen:

1 kleine Zwiebel · 20 g Butter
250 g Rosenkohl · 1 kleiner Fenchel (etwa 150 g) · Salz
weißer Pfeffer, frisch gemahlen
500 g Putenbrust · 2 Scheiben gekochter Schinken
3 Tomaten · 150 g Walnußschmelzkäse (in Scheiben)

Gut vorzubereiten

Pro Person etwa: 2200 kJ/520 kcal
Vorbereitungszeit: 30 Minuten

	Einstellung	Garzeit/ Minuten
Nur Mikrowellen	600 Watt	8
Mikrowellen mit Ober- und Unterhitze	600 Watt 210–230°	17–20
oder		
Mikrowellen mit Umluft	600 Watt 190–210°	17–20
Gesamtgarzeit		25–28

Die Zwiebel schälen, fein hacken und mit der Butter in eine mikrowellengeeignete, hitzebeständige Auflaufform mit Deckel geben. • Den Rosenkohl und den Fenchel putzen, den Fenchel halbieren, den Strunk entfernen und mit dem Rosenkohl zu der Zwiebel geben. Mit Salz und Pfeffer würzen. Zugedeckt bei Mikrowellenleistung 600 Watt 8 Minuten garen. • Das Putenfleisch in mundgerechte Stücke schneiden, mit Salz und Pfeffer würzen und auf dem Gemüse verteilen. Den Schinken klein würfeln, die Tomaten in Scheiben schneiden. Beides auf das Fleisch geben und nochmals würzen. Die Käsescheiben darauf legen. • Auf dem Rost in der unteren Schiene bei Mikrowellenleistung 600 Watt mit Ober- und Unterhitze 210–230° 17–20 Minuten backen.

Gratiniertes und Vollwertiges

Gratins oder überbackene Gerichte sind immer wieder beliebt, und sie schmecken als Vorspeise, Hauptgericht oder auch als Beilage zu kurzgebratenem Fleisch. Den Käse können Sie einfach nur zerlaufen lassen oder so lange überbakken, bis er goldgelb gebräunt ist. Die meisten Gratins bekommen bei Mikrowellenleistung 600 Watt mit starker Grillstufe eine appetitliche braune Kruste. Die vielen raffinierten Rezepte in diesem Kapitel werden Sie begeistern. Ob gratinierter Wirsing, die beliebten Tortellini oder Grünkernauflauf – für jeden Geschmack ist etwas dabei. Alles gelingt im Handumdrehen und schmeckt ausgezeichnet. Auf dieser Seite ist Pfannkuchen mit Gemüsefüllung abgebildet. Das Rezept dafür finden Sie auf Seite 51.

Gratinierter Kohl

Eine deftige Beilage zu Fleisch

Gratinierter Wirsing

im Bild hinten

Zutaten für 4 Personen:
600 g Wirsing
150 g Magerquark
150 g Crème fraîche
100 g Sahne · 1 Ei
½ Eßl. Walnußöl · Salz
weißer Pfeffer, frisch gemahlen
Muskatnuß, frisch gerieben
2 Eßl. gehackte Walnüsse

Gelingt leicht

Pro Person etwa: 1900 kJ/450 kcal
Vorbereitungszeit: 25 Minuten

	Einstellung	Garzeit/ Minuten
Nur Mikrowellen	600 Watt	8–10
Mikrowellen mit Grill	600 Watt starke Stufe	5– 7
oder		
Mikrowellen mit Umluftgrill	600 Watt 220–240°	5– 7
Gesamtgarzeit		13–17

Den Wirsing putzen, achteln und den Strunk herausschneiden. Die Wirsingblätter in sehr feine Streifen schneiden und mit 2 Eßlöffeln Wasser in eine flache mikrowellengeeignete, hitzebeständige Auflaufform mit Deckel geben. Zugedeckt bei Mikrowellenleistung 600 Watt 8–10 Minuten garen, zwischendurch einmal umrühren. • Den Quark mit der Crème fraîche, der Sahne, dem Ei und dem Walnußöl verschlagen. Mit Salz, Pfeffer und Muskatnuß würzen. • Das Wirsingwasser abgießen, die Blätter in der Form auflockern, mit der Quark-Sahnecreme übergießen und mit den gehackten Walnüssen bestreuen. • Auf dem Rost in der oberen Schiene bei Mikrowellenleistung 600 Watt mit starker Grillstufe 5–7 Minuten gratinieren.

Mein Tip: Dazu schmecken sehr gut ein herzhafter Kasselerbraten und Kartoffelbrei.

Gratinierter Weißkohl

im Bild vorne

Zutaten für 4 Personen:
600 g Weißkohl · 200 g Sahne
200 g saure Sahne · 1 Ei
Kümmelpulver · Salz · weißer Pfeffer, frisch gemahlen
150 g Schinkenspeck
40 g mittelalter Gouda

Gelingt leicht

Pro Person etwa: 1900 kJ/450 kcal
Vorbereitungszeit: 25 Minuten

	Einstellung	Garzeit/ Minuten
Nur Mikrowellen	600 Watt	15–18
Mikrowellen mit Grill	600 Watt starke Stufe	5– 7
oder		
Mikrowellen mit Umluftgrill	600 Watt 220–240°	5– 7
Gesamtgarzeit		20–25

Den Weißkohl putzen, achteln und den Strunk herausschneiden. Die Weißkohlblätter in sehr feine Streifen schneiden und mit 2 Eßlöffeln Wasser in eine flache mikrowellengeeignete Auflaufform mit Deckel geben. Bei Mikrowellenleistung 600 Watt 15–18 Minuten garen, zwischendurch einmal umrühren. • Die Sahne mit der sauren Sahne und dem Ei verschlagen. Mit Kümmelpulver, Salz und Pfeffer würzen. • Das Weißkohlwasser abgießen, die Blätter in der Form auflockern und mit der Sahnecreme übergießen. Den Schinken fein würfeln und über den Kohl verteilen. Den Käse reiben und darüber streuen. • Auf dem Rost in der oberen Schiene bei Mikrowellenleistung 600 Watt mit starker Grillstufe 5–7 Minuten gratinieren.

Mein Tip: Wenn Sie eine Küchenmaschine haben, läßt sich der Kohl besonders schnell und fein schneiden.

Überbackener Fenchel

Gefüllt mit zartem Schweinefilet

Zutaten für 4 Personen:
2 Schalotten · 4 gleich große Fenchel (etwa 900 g)
4 Eßl. Wasser
Pergamentpapier zum Abdecken · 350 g Schweinefilet
40 g Schinkenspeck
200 g Crème fraîche
4 Eßl. Sojasauce · Salz · weißer Pfeffer, frisch gemahlen
50 g gehackte Walnüsse
40 g Parmesan

Anspruchsvoll

Pro Person etwa: 2500 kJ/600 kcal
Vorbereitungszeit: 30 Minuten

	Einstellung	Garzeit/ Minuten
Nur Mikrowellen	600 Watt	1– 2
Nur Mikrowellen	600 Watt	12–14
Mikrowellen mit Grill	600 Watt mittlere Stufe	12–15
oder		12–15
Mikrowellen mit Umluftgrill	600 Watt 200–220°	
Gesamtgarzeit		25–31

Die Schalotten schälen, fein hacken und in ein mikrowellengeeignetes Gefäß mit Deckel geben. Zugedeckt bei Mikrowellenleistung 600 Watt 1–2 Minuten dünsten. • Den Fenchel putzen, halbieren und die Strünke keilförmig herausschneiden. Mit dem Wasser in eine mikrowellengeeignete Auflaufform mit Deckel geben. Das Pergamentpapier mit Wasser anfeuchten und auf den Fenchel legen. Zugedeckt bei Mikrowellenleistung 600 Watt 12–14 Minuten garen. • Inzwischen das Filet und den Schinkenspeck in feine Streifen schneiden und zu den Zwiebeln geben. • Von der Crème fraîche 1 Eßlöffel abnehmen und beiseite stellen. Die restliche Crème fraîche, die Sojasauce, Salz, Pfeffer und die Walnüsse zum Fleisch geben und alles miteinander verrühren. • Das Fenchelwasser abgießen, die Herzblätter aus den Fenchelhälften lösen, fein hacken und auf dem Boden der Auflaufform verteilen. Die Fenchelhälften mit dem Fleisch füllen und in die Auflaufform setzen. • Den Parmesan reiben und darüber streuen. Auf dem Rost in der unteren Schiene bei Mikrowellenleistung 600 Watt 12–15 Minuten mit mittlerer Grillstufe gratinieren. • Die Fenchelknollen auf einer Platte anrichten. Die Fenchelstückchen mit der restlichen Crème fraîche verrühren, mit Salz und Pfeffer würzen und zum Fenchel servieren.

Variante: Statt aus Filet können Sie auch eine Füllung aus Hackfleisch zubereiten. Dafür 2 Schalotten oder 1 kleine Zwiebel fein hacken und in einem mikrowellengeeigneten Gefäß mit Deckel bei Mikrowellenleistung 600 Watt 1–2 Minuten dünsten. Dann 500 g gemischtes Hackfleisch dazugeben. Mit 1 Ei, Salz, Pfeffer, Paprikapulver und 1 Eßlöffel Semmelbrösel vermengen. Den Fenchel wie oben beschrieben vorbereiten und mit dem Hackfleisch füllen. Eventuell Parmesan oder Emmentaler reiben und darüber streuen. Auf dem Rost in der unteren Schiene bei Mikrowellenleistung 600 Watt mit mittlerer Grillstufe 15–17 Minuten gratinieren. Für die Sauce wie oben beschrieben die Herzblätter kleinschneiden und mit 1 Eßlöffel Crème fraîche verrühren.

Mein Tip: Dazu können Sie Reis oder Bratkartoffeln als Beilage servieren. Ob Sie den Fenchel mit Filet oder Hackfleisch füllen, das Rezept gelingt auch nur mit Mikrowellen ohne Zuschalten des Grills. Die Zubereitungszeit bleibt dabei gleich. Der Käse zerläuft dann nur und bräunt nicht.

Überbackene Tortellini

Ein Essen, das schnell zubereitet ist

Tortellini mit Muscheln

im Bild links

Zutaten für 2 Personen:
250 g Tortellini · Salz · 1 Eßl. Butter · 1 Eßl. Mehl · ⅛ l Milch
⅛ l Rotwein · 50 g Knoblauchschmelzkäse · Zucker
schwarzer Pfeffer
1 Eßl. Tomatenmark · 2 Tomaten
200 g Miesmuschelfleisch
2 Eßl. frisch geriebener mittelalter Gouda

Gelingt leicht

Pro Person etwa: 3300 kJ/790 kcal
Vorbereitungszeit: 25 Minuten

	Einstellung	Garzeit/ Minuten
Nur Mikrowellen	600 Watt	5– 7½
Mikrowellen mit Grill	600 Watt starke Stufe	5– 7
Gesamtgarzeit		10–14½

Die Tortellini in kochendem Salzwasser auf der Herdplatte »al dente« garen. • Die Butter und das Mehl in einem hohen mikrowellengeeigneten Gefäß bei Mikrowellenleistung 600 Watt in 1–1½ Minuten schmelzen. Umrühren, die Milch und den Wein untermischen und bei Mikrowellenleistung 600 Watt in 4–6 Minuten eindicken; dabei einmal umrühren. Den Schmelzkäse hinzufügen und in der Sauce auflösen. • Die Tortellini abtropfen lassen. • Die Sauce mit Zucker, Salz, Pfeffer und dem Tomatenmark würzen. • Die Tomaten in dünne Scheiben schneiden und in eine kleine mikrowellengeeignete, hitzebeständige Auflaufform legen. Die Tortellini mit der Sauce mischen, auf den Tomaten verteilen und erst mit den Muscheln, dann mit dem Käse bestreuen. • Auf dem Rost in der oberen Schiene bei Mikrowellenleistung 600 Watt mit starker Grillstufe 5–7 Minuten überbacken.

Tortellini mit Mozzarella

im Bild rechts

Zutaten für 2 Personen:
250 g Tortellini · Salz
1 mittelgroße Zwiebel
500 g Spinat · 2 mittelgroße Tomaten · ½ Knoblauchzehe
2 Eßl. Crème fraîche
weißer Pfeffer · Muskatnuß, frisch gerieben · 4 Blätter Basilikum · 150 g Mozzarella

Besonders schnell

Pro Person etwa: 3200 kJ/760 kcal
Vorbereitungszeit: 20 Minuten

	Einstellung	Garzeit/ Minuten
Nur Mikrowellen	600 Watt	3– 5
Nur Mikrowellen	600 Watt	5– 7
Gesamtgarzeit		8–12

Die Tortellini in kochendem Salzwasser auf der Herdplatte »al dente« garen.
• Inzwischen die Zwiebel schälen, fein hacken und in ein mikrowellengeeignetes Gefäß mit Deckel geben. • Den Spinat putzen und mit den Zwiebeln zugedeckt bei Mikrowellenleistung 600 Watt 3–5 Minuten garen. • Die Tortellini abtropfen lassen. • Die Tomaten in dünne Scheiben schneiden. • Den Knoblauch zum Spinat pressen, mit der Crème fraîche verrühren und mit Salz, Pfeffer und Muskatnuß würzen. • Die Tortellini mit dem Spinat mischen und in eine mikrowellengeeignete, hitzebeständige Auflaufform geben. Mit den Tomatenscheiben belegen, mit Salz und Pfeffer würzen. Das Basilikum fein hacken und darüber streuen. Den Mozzarella in Scheiben schneiden und auf die Tomaten legen. • Bei Mikrowellenleistung 600 Watt 5–7 Minuten überbacken, bis der Käse zerlaufen ist.

Spätzle mit Käse, Kräutern oder Tomaten

Besonders schnell mit Spätzle vom Vortag

Spätzle mit Tomaten

im Bild links vorne — sehr gut

Zutaten für 2 Personen:
- 1 Zwiebel · 150 g Gouda
- 400 g Spätzle (vorgegarte)
- 3 Tomaten · Salz · Pfeffer

Gelingt leicht

Pro Person etwa: 2800 kJ/670 kcal
Vorbereitungszeit: 15 Minuten

	Einstellung	Garzeit/Minuten
Nur Mikrowellen	600 Watt	6–8

Die Zwiebel schälen, fein hacken und in eine mikrowellengeeignete Form geben. Bei Mikrowellenleistung 600 Watt offen 1–2 Minuten dünsten. • Den Käse reiben, 2 Eßlöffel davon beiseite stellen. Alles in der Auflaufform mischen. • Die Tomaten in Scheiben schneiden, auf den Spätzle verteilen und mit Salz und Pfeffer würzen. Den Käse darüber streuen und die Spätzle bei Mikrowellenleistung 600 Watt 6–8 Minuten erwärmen.

Sahnespätzle

im Bild links Mitte

Zutaten für 2 Personen:
- 80 g Parmesan · 400 g Spätzle (vorgegarte) · 150 g saure Sahne

Besonders schnell

Pro Person etwa: 2400 kJ/570 kcal
Vorbereitungszeit: 10 Minuten

	Einstellung	Garzeit/Minuten
Nur Mikrowellen	600 Watt	6–8

Den Parmesan reiben. • Die Spätzle mit dem Käse und der sauren Sahne mischen und in einer mikrowellengeeigneten Form bei Mikrowellenleistung 600 Watt 6–8 Minuten erwärmen.

Kräuterspätzle

im Bild hinten

Zutaten für 2 Personen:
- 100 g Emmentaler
- 50 g Romadur
- 1 Bund Petersilie
- 1 Bund Schnittlauch
- 400 g Spätzle (vorgegarte)

Preiswert

Pro Person etwa: 2500 kJ/600 kcal
Vorbereitungszeit: 20 Minuten

	Einstellung	Garzeit/Minuten
Nur Mikrowellen	600 Watt	6–8

Den Käse reiben. Die Kräuter waschen und trockentupfen. Die Petersilie hacken, den Schnittlauch in Röllchen schneiden. Die Spätzle, den Käse und die Kräuter mischen. • In einer mikrowellengeeigneten Auflaufform bei Mikrowellenleistung 600 Watt 6–8 Minuten erwärmen.

Käsespatzen

sehr gut

im Bild rechts vorne

Zutaten für 2 Personen:
- 2 Zwiebeln · 40 g Butter
- 75 g Emmentaler
- 75 g Raclettekäse
- 400 g Spätzle (vorgegarte)

Gelingt leicht

Pro Person etwa: 3400 kJ/810 kcal
Vorbereitungszeit: 20 Minuten

	Einstellung	Garzeit/Minuten
Nur Mikrowellen	600 Watt	6–8

Die Zwiebeln schälen und in Ringe schneiden. Die Butter in einer Pfanne erhitzen und die Zwiebeln darin anbraten. • Den Käse reiben. • Die Spätzle und den Käse in eine mikrowellengeeignete Auflaufform schichten und mit den Zwiebeln bestreuen. Bei Mikrowellenleistung 600 Watt 6–8 Minuten erwärmen.

Überbackene Bandnudeln mit Schinken

Die Nudeln werden vorher konventionell gekocht

Sahne-Bandnudeln

im Bild links

Zutaten für 4 Personen:
250 g Bandnudeln · Salz
250 g gekochter Schinken
400 g Sahne · 120 g Parmesan
schwarzer Pfeffer, frisch gemahlen

Gut vorzubereiten

Pro Person etwa: 3200 kJ/760 kcal
Vorbereitungszeit: 20 Minuten

	Einstellung	Garzeit/ Minuten
Mikrowellen mit Grill	600 Watt starke Stufe	5–7
oder		
Mikrowellen mit Umluftgrill	600 Watt · 220–240°	5–7

Die Nudeln in kochendem Salzwasser konventionell »al dente« garen. • Den Schinken fein würfeln. Die Sahne steif schlagen. Den Parmesan reiben und 2 Eßlöffel davon beiseite stellen. • Die Nudeln abtropfen lassen und mit dem Schinken, der Sahne und dem Parmesan gut mischen. Mit Pfeffer abschmecken. In eine mikrowellengeeignete, hitzebeständige Auflaufform geben und mit dem restlichen Parmesan bestreuen. • Auf der mittleren Schiene bei Mikrowellenleistung 600 Watt mit starker Grillstufe 5–7 Minuten überbacken. Mit einem Salat servieren.

Mein Tip: Sie können den Auflauf auch nur mit Mikrowellen zubereiten. Dann zerläuft der Käse nur und bräunt nicht. Für 2 Personen halbieren Sie die Zutaten einfach und bereiten den Auflauf wie oben beschrieben mit der gleichen Leistungsstufe zu.

Bandnudeln mit Egerlingen

sehr gut

mit Gorgonzola lecker!

im Bild rechts

Zutaten für 2 Personen:
150 g Bandnudeln (oder 350 g gegarte) · Salz · 2 Schalotten
150 g Egerlinge · 1 Eßl. Butter
4 Eßl. Wasser · 2 Eßl. Sherry
100 g Crème fraîche
60 g gekochter Schinken
¼ Teel. Steinpilz-Hefebrühe (Reformhaus)
weißer Pfeffer, frisch gemahlen
30 g mittelalter Gouda

Gut vorzubereiten

Pro Person etwa: 2600 kJ/620 kcal
Vorbereitungszeit: 25 Minuten

	Einstellung	Garzeit/ Minuten
Mikrowellen mit Grill	600 Watt starke Stufe	5–7

Die Nudeln in kochendem Salzwasser konventionell »al dente« garen. • Die Schalotten schälen und fein hacken. Die Egerlinge putzen und blättrig schneiden. Die Butter in einer Pfanne auf der Herdplatte erhitzen und die Zwiebeln darin glasig dünsten. Die Egerlinge mit dem Wasser zu den Zwiebeln geben und dünsten, bis die Flüssigkeit verdampft ist. • Die Nudeln abtropfen lassen. • Den Sherry und die Crème fraîche mit den Egerlingen verrühren und langsam einkochen lassen, bis die Sauce eingedickt ist. • Den Schinken fein würfeln, zu den Egerlingen geben und mit der Brühe, Salz und Pfeffer abschmecken. • Die Nudeln mit der Sauce mischen und in eine mikrowellengeeignete, hitzebeständige Auflaufform geben. Den Käse reiben und darüber streuen. • Auf der mittleren Schiene bei Mikrowellenleistung 600 Watt mit starker Grillstufe 5–7 Minuten überbacken.

Überbackene Schleifennudeln mit Zucchini

Die Nudeln werden konventionell zubereitet

gut

Zutaten für 4 Personen:
250 g Schleifennudeln · Salz
2 mittelgroße Zwiebeln
40 g Butter · 40 g Mehl
¼ l Milch · ⅛ l Brühe
100 g Kräuterschmelzkäse
300 g Zucchini · 1 Bund
Petersilie · 1 Bund Schnittlauch
weißer Pfeffer · 80 g frisch
geriebener mittelalter Gouda

Preiswert

Pro Person etwa: 2300 kJ/550 kcal
Vorbereitungszeit: 30 Minuten

	Einstellung	Garzeit/ Minuten
Nur Mikrowellen	600 Watt	2– 3
Nur Mikrowellen	600 Watt	7–10
Nur Mikrowellen	600 Watt	10–13
Gesamtgarzeit		19–26

Die Nudeln in kochendem Salzwasser konventionell »al dente« garen. • Inzwischen die Zwiebeln schälen, fein hakken und in einem hohen mikrowellengeeigneten Gefäß mit Deckel bei Mikrowellenleistung 600 Watt zugedeckt 2–3 Minuten dünsten. • Die Butter und das Mehl dazugeben. Offen bei Mikrowellenleistung 600 Watt in 1–2 Minuten schmelzen und dabei verrühren. • Die Milch und die Brühe untermischen. Bei Mikrowellenleistung 600 Watt 6–8 Minuten eindicken; einmal umrühren. Den Käse hinzufügen und in der Sauce schmelzen lassen. • Die Nudeln abtropfen lassen. • Die Zucchini waschen, von Stil- und Blütenansätzen befreien und in dünne Scheiben schneiden. • Die Petersilie und den Schnittlauch waschen. Die Petersilie hacken und den Schnittlauch in Röllchen schneiden. • Die Sauce mit den Nudeln, den Zucchini und den Kräutern vermischen. Mit Salz und Pfeffer abschmecken. In eine mikrowellengeeignete Form füllen, mit dem Käse bestreuen und bei Mikrowellenleistung 600 Watt 10–13 Minuten überbacken.

Mein Tip: Statt Kräuterschmelzkäse können Sie auch 100 g frisch geriebenen Gouda oder Emmentaler verwenden.

Gratinierte Krabben

Versteckt zwischen Kartoffelscheiben oder auf Artischockenherzen

Kartoffel-Krabbengratin

im Bild links

Zutaten für 6 Personen:
1 kg Kartoffeln
120 g Emmentaler
375 g Sahne · Salz · weißer
Pfeffer, frisch gemahlen
1 Bund Dill
350 g Nordseekrabbenfleisch
1 Eßl. Butter

Anspruchsvoll

Pro Person etwa: 1900 kJ/450 kcal
Vorbereitungszeit: 25 Minuten

	Einstellung	Garzeit/ Minuten
Mikrowellen mit Umluft	600 Watt 160–180°	22–25
oder		
Mikrowellen mit Ober- und Unterhitze	600 Watt 180–200°	22–25

Die Kartoffeln schälen, waschen, in sehr dünne Scheiben schneiden und nochmals waschen. • Den Käse reiben. • Die Sahne mit Salz und Pfeffer würzen. • Den Dill waschen, fein hacken und 1 Eßlöffel davon beiseite stellen. Den Rest mit der Sahne verrühren. • Die Hälfte der Kartoffeln in eine mikrowellengeeignete, hitzebeständige Auflaufform geben. Mit der Hälfte des Käses bestreuen und die Hälfte der Sahne-Dillsauce darüber gießen. Die Krabben darüber streuen und die restlichen Zutaten in der gleichen Reihenfolge einschichten. Die Butter in Flöckchen darauf setzen. • Auf dem Rost in der unteren Schiene bei Mikrowellenleistung 600 Watt mit Umluft 160–180° 22–25 Minuten gratinieren. Mit einem grünen Salat servieren.

Krabbengratin mit Artischockenherzen

im Bild rechts

Zutaten für 2–4 Personen:
8 Artischockenherzen aus dem
Glas · 200 g Nordseekrabben-
fleisch · 25 g Butter · 25 g Mehl
125 g Sahne · ⅛ l trockener
Weißwein oder Fischfond
50 g Sahneschmelzkäse oder
50 g frisch geriebener Gouda
Salz · Pfeffer
1 Eßl. gehackter Dill
1 Eßl. Zitronensaft

Anspruchsvoll

Bei 4 Personen pro Person etwa: 1300 kJ/310 kcal
Vorbereitungszeit: 15 Minuten

	Einstellung	Garzeit/ Minuten
Nur Mikrowellen	600 Watt	5– 6½
Mikrowellen mit Grill	600 Watt starke Stufe	5– 7
Gesamtgarzeit		10–13½

Die Artischockenherzen abtropfen lassen, halbieren und mit der Schnittfläche nach oben in eine mikrowellengeeignete, hitzebeständige Auflaufform legen. • Die Krabben darauf verteilen. • Die Butter mit dem Mehl in einem hohen, mikrowellengeeigneten Gefäß bei Mikrowellenleistung 600 Watt in 1–1½ Minuten schmelzen. Verrühren, die Sahne und den Weißwein oder den Fischfond untermischen. Bei Mikrowellenleistung 600 Watt 4–5 Minuten dickflüssig werden lassen, zwischendurch einmal umrühren. Den Käse hinzufügen und in der Sauce auflösen. • Die Sauce mit Salz, Pfeffer, dem Dill und dem Zitronensaft abschmecken und über die Krabben gießen. • Auf dem Rost in der oberen Schiene bei Mikrowellenleistung 600 Watt mit starker Grillstufe 5–7 Minuten gratinieren.

Lachs oder Scampi auf grünen Nudeln

Für 2 Personen als Hauptgericht oder für 4 Personen als Vorspeise

Lachs mit Nudeln

im Bild vorne

Zutaten für 2 Personen:
2 Scheiben Lachs (je etwa 250 g)
2 Eßl. Zitronensaft · Salz
150 g breite grüne Bandnudeln
1 Schalotte · 20 g Butter
20 g Mehl · 100 ccm Fischfond
100 ccm Wein · 100 g Sahne
6 Basilikumblätter · weißer
Pfeffer, frisch gemahlen
1 große Tomate · 1 Teel. Butter

Anspruchsvoll

Pro Person etwa: 4600 kJ/1100 kcal
Vorbereitungszeit: 20 Minuten

	Einstellung	Garzeit/ Minuten
Nur Mikrowellen	600 Watt	4– 5½
Nur Mikrowellen	600 Watt	8–10
Gesamtgarzeit		12–15½

Den Lachs säubern, mit dem Zitronensaft beträufeln und salzen. • Die Nudeln in kochendem Salzwasser konventionell »al dente« garen. • Die Schalotte schälen, fein hacken und mit der Butter und dem Mehl in einem hohen mikrowellengeeigneten Gefäß bei Mikrowellenleistung 600 Watt 1–1½ Minuten auslassen. Verrühren, den Fond, den Wein und die Sahne untermischen. Die Sauce bei Mikrowellenleistung 600 Watt 3–4 Minuten dickflüssig werden lassen. • Die Nudeln abtropfen lassen. • Das Basilikum fein hacken und zur Sauce geben. Mit Salz und Pfeffer würzen. • Die Tomate in Scheiben schneiden. • Die Nudeln in eine mikrowellengeeignete Auflaufform geben. Die Hälfte der Sauce darüber gießen und die Nudeln mit den Tomaten belegen. Den Lachs darauf legen und mit der restlichen Sauce übergießen. Die Butter in Flöckchen darauf verteilen. • Bei Mikrowellenleistung 600 Watt 8–10 Minuten überbacken.

Scampi mit Nudeln

im Bild hinten

Zutaten für 4 Personen:
120 g dünne grüne Bandnudeln
Salz · 8 große gegarte Scampi
20 g Butter · 20 g Mehl
⅛ l Fischfond · ⅛ l Milch
150 g Champignons · ½ Knoblauchzehe · Pfeffer
1 Eßl. Zitronensaft · ½ Teel.
Dijon Senf · 75 g Mozzarella

Gelingt leicht

Pro Person etwa: 1000 kJ/240 kcal
Vorbereitungszeit: 20 Minuten

	Einstellung	Garzeit/ Minuten
Nur Mikrowellen	600 Watt	6– 8½
Nur Mikrowellen	600 Watt	3– 4
Gesamtgarzeit		9–12½

Die Nudeln in kochendem Salzwasser konventionell »al dente« garen. • Die Scampi aus der Schale lösen, 4 davon kleinschneiden. • Die Butter mit dem Mehl in einem hohen mikrowellengeeigneten Gefäß bei Mikrowellenleistung 600 Watt in 1–1½ Minuten schmelzen. Verrühren, den Fond und die Milch untermischen. Bei Mikrowellenleistung 600 Watt 3–4 Minuten dickflüssig werden lassen. • Die Nudeln abtropfen lassen. • Die Champignons putzen, blättrig schneiden und in der Sauce bei Mikrowellenleistung 600 Watt 2–3 Minuten garen. • Den Knoblauch zur Sauce pressen. Mit Salz, Pfeffer, dem Zitronensaft und dem Senf würzen. Mit den Nudeln und den kleingeschnittenen Scampi vermischen und in 4 kleine mikrowellengeeignete Auflaufförmchen verteilen. • Den Mozzarella würfeln und darüber streuen. Mit je einem ganzen Scampi belegen und bei Mikrowellenleistung 600 Watt 3–4 Minuten erwärmen.

Feine Gratins mit Innereien

Schmecken sehr gut mit Zuckerschoten, Spargel oder Möhren

Gratiniertes Bries

im Bild links

Zutaten für 2 Personen:
350 g Kalbsbries
150 g Pfifferlinge · 2 Eiweiß
60 g Mascarpone · 2 Eigelb
Salz · weißer Pfeffer, frisch gemahlen · ½ Teel. Dijon Senf
1 Eßl. Zitronensaft
1 Eßl. gehackter Dill

Anspruchsvoll

Pro Person etwa: 1300 kJ/310 kcal
Vorbereitungszeit: 15 Minuten

	Ein-stellung	Garzeit/ Minuten
Mikrowellen mit Grill	600 Watt starke Stufe	5–7

Das Bries etwa 5 Minuten in kaltes Wasser legen. • Inzwischen die Pfifferlinge putzen und in eine mikrowellengeeignete, hitzebeständige Auflaufform geben. • Das Bries abtropfen lassen, häuten und die Adern entfernen. Das Bries in Röschen schneiden und auf die Pfifferlinge legen. • Die Eiweiße steif schlagen. Den Mascarpone mit den Eigelben, Salz, Pfeffer, dem Senf, dem Zitronensaft und dem Dill verrühren. Den Eischnee unterheben und die Masse gleichmäßig auf dem Bries verteilen. • Auf dem Rost in der mittleren Schiene bei Mikrowellenleistung 600 Watt mit starker Grillstufe 5–7 Minuten gratinieren.

Mein Tip: Je nach Saison können Sie statt Pfifferlinge auch die gleiche Menge Steinpilze oder Champignons verwenden. Als Beilage paßt sehr gut Spargel oder Zuckerschoten. 500 g Spargel sind bei Mikrowellenleistung 600 Watt in 12 Minuten und 300 g Zuckerschoten in 10 Minuten gar.

Gratiniertes Hirn

im Bild rechts

Zutaten für 2 Personen:
1 Kalbshirn · 1 Schalotte
25 g Butter · 25 g Mehl
⅛ l Milch · ⅛ l Brühe · Salz
weißer Pfeffer, frisch gemahlen
½ Teel. Dijon Senf
1 Eßl. Zitronensaft
1 Eßl. gehackte Petersilie
30 g Emmentaler

Gelingt leicht

Pro Person etwa: 1600 kJ/380 kcal
Vorbereitungszeit: 20 Minuten

	Ein-stellung	Garzeit/ Minuten
Nur Mikrowellen	600 Watt	5– 6½
Mikrowellen mit Grill	600 Watt starke Stufe	7– 9
Gesamtgarzeit		12–15½

Das Kalbshirn etwas 5 Minuten in kaltes Wasser legen. • Inzwischen die Schalotte schälen, fein hacken und mit der Butter und dem Mehl in ein hohes mikrowellengeeignetes Gefäß geben. Bei Mikrowellenleistung 600 Watt 1–1½ Minuten erhitzen. Verrühren und die Milch und die Brühe untermischen. Bei Mikrowellenleistung 600 Watt in 4–5 Minuten dickflüssig werden lassen. • Das Kalbshirn abtropfen lassen, häuten, die Adern entfernen und das Hirn in Würfel schneiden. In eine mikrowellengeeignete und hitzebeständige Auflaufform geben. • Die Sauce mit Salz, Pfeffer, dem Senf, dem Zitronensaft und der Petersilie abschmecken und über das Hirn gießen. Den Käse reiben und darüber streuen. • Auf dem Rost in der mittleren Schiene bei Mikrowellenleistung 600 Watt mit starker Grillstufe 7–9 Minuten gratinieren.

Überbackener Chicorée

Mit pikanter Füllung

Chicorée mit Schinken

im Bild links

Zutaten für 2 Personen:
4 kleine Stauden Chicorée
Pergamentpapier zum Abdecken · 200 g gekochter Schinken · 2 hartgekochte Eier
150 g Crème fraîche
½ Teel. Senf · Salz · weißer Pfeffer · 50 g frisch geriebener mittelalter Gouda

Preiswert

Pro Person etwa: 2800 kJ/670 kcal
Vorbereitungszeit: 20 Minuten

	Ein-stellung	Garzeit/ Minuten
Nur Mikrowellen	600 Watt	4– 6
Mikrowellen mit Grill	600 Watt starke Stufe	7– 9
Gesamtgarzeit		11–15

Den Chicorée putzen und mit 1 Eßlöffel Wasser in eine mikrowellengeeignete hitzebeständige Auflaufform mit Deckel geben. Das Pergamentpapier anfeuchten und den Chicorée damit bedecken. Zugedeckt bei Mikrowellenleistung 600 Watt 4–6 Minuten garen. • Den Schinken und die Eier fein würfeln, mit der Crème fraîche und dem Senf vermischen. Mit Salz und Pfeffer abschmecken. • Den Chicorée abgießen und etwas abkühlen lassen. Zum Füllen die Stauden auseinanderdrücken, das zarte Mittelstück herauslösen und in feine Streifen schneiden. Mit der Schinkencreme mischen, die Stauden damit von oben füllen und in die Auflaufform legen. Die restliche Füllung auf dem Chicorée verteilen und mit dem Käse bestreuen. • Auf dem Rost in der mittleren Schiene bei Mikrowellenleistung 600 Watt mit starker Grillstufe 7–9 Minuten gratinieren.

Chicorée mit Hackfleisch-Füllung

im Bild rechts

Zutaten für 4 Personen:
8 kleine Stauden Chicorée
Pergamentpapier zum Abdecken
500 g Rinderhackfleisch
1 Ei · 1 Eßl. Semmelbrösel
8 kleine Tomaten · Salz
schwarzer Pfeffer · 25 g Butter
25 g Mehl · ⅛ l Milch
⅛ l Brühe · 1 Eßl. Kapern

Gut vorzubereiten

Pro Person etwa: 1600 kJ/380 kcal
Vorbereitungszeit: 20 Minuten

	Ein-stellung	Garzeit/ Minuten
Nur Mikrowellen	600 Watt	6– 8
Nur Mikrowellen	600 Watt	5– 6½
Nur Mikrowellen	600 Watt	12–15
Gesamtgarzeit		23–29½

Den Chicorée mit 2 Eßlöffeln Wasser in eine mikrowellengeeignete Form mit Deckel geben. Mit dem angefeuchteten Pergamentpapier bedecken. Zugedeckt bei Mikrowellenleistung 600 Watt 6–8 Minuten garen. • Das Fleisch mit dem Ei und den Semmelbröseln vermengen. • Die Tomaten häuten, würfeln, die Hälfte dazugeben und mit Salz und Pfeffer würzen. • Den Chicorée abgießen. • Die Butter mit dem Mehl in einem hohen mikrowellengeeigneten Gefäß bei Mikrowellenleistung 600 Watt in 1–1½ Minuten schmelzen. Verrühren, die Milch und die Brühe untermischen. Bei Mikrowellenleistung 600 Watt 4–5 Minuten eindicken. • Den Chicorée auseinanderdrücken, das Mittelstück herauslösen, in Streifen schneiden und mit dem Fleisch mischen. Die Stauden damit füllen und in die Form legen. Die Tomaten, die Kapern und die Sauce daraufgeben. Zugedeckt bei Mikrowellenleistung 600 Watt 12–15 Minuten garen.

Gemüseaufläufe mit Eiermilch

Das Gemüse wird mit Mikrowellen vorgegart

Auflauf mit Keimlingen

im Bild links

Zutaten für 4 Personen:
200 g frische Sojakeimlinge
175 g frische Linsenkeimlinge
1 gelbe Paprikaschote
3 Eßl. Sojasauce
3 Eßl. trockener Sherry
50 g Cashewkerne
4 Eier · ¼ l Milch
¼ Teel. Sambal Oelek
½ Knoblauchzehe · Salz
weißer Pfeffer

Gut vorzubereiten

Pro Person etwa: 1500 kJ/360 kcal
Vorbereitungszeit: 30 Minuten

	Einstellung	Garzeit/ Minuten
Nur Mikrowellen	600 Watt	5– 7
Nur Mikrowellen	600 Watt	16–20
Gesamtgarzeit		21–27

Die Soja- und die Linsenkeimlinge in einem Sieb kalt abspülen und abtropfen lassen. • Die Paprikaschote halbieren, von den Kernen befreien, waschen und in feine Streifen schneiden. In eine mikrowellengeeignete Form geben und mit den Keimlingen mischen. Die Sojasauce und den Sherry darüber gießen. Bei Mikrowellenleistung 600 Watt 5–7 Minuten vorgaren. • Die Cashewkerne halbieren, in einer Pfanne auf der Herdplatte goldgelb rösten und beiseite stellen. • Die Eier mit der Milch und dem Sambal Oelek verschlagen. Den Knoblauch dazupressen und die Eiermilch mit Salz und Pfeffer würzen. • Die Eiermilch über das Gemüse gießen und bei Mikrowellenleistung 600 Watt 16–20 Minuten stocken lassen. Mit den Cashewkernen bestreut servieren.

Mein Tip: Dieser Gemüseauflauf schmeckt gut als Beilage zu kurzgebratenem Geflügel.

Lauchauflauf

Gut

im Bild rechts

Zutaten für 4 Personen:
400 g Lauch
400 g Bleichsellerie · ¼ l Milch
4 Eier · Salz · weißer Pfeffer,
frisch gemahlen · Muskatnuß,
frisch gerieben

Preiswert

Pro Person etwa: 710 kJ/170 kcal
Vorbereitungszeit: 20 Minuten

	Einstellung	Garzeit/ Minuten
Nur Mikrowellen	600 Watt	8–10
Nur Mikrowellen	600 Watt	16–20
Gesamtgarzeit		24–30

Den Lauch und den Sellerie putzen und in feine Streifen schneiden. Das Gemüse mit 4 Eßlöffeln Wasser in eine mikrowellengeeignete Auflaufform mit Deckel geben. Zugedeckt bei Mikrowellenleistung 600 Watt 8–10 Minuten garen. • Die Milch mit den Eiern verschlagen. Mit Salz, Pfeffer und Muskatnuß würzen. Das Gemüsewasser zur Eiermilch gießen, alles miteinander verrühren und mit dem Gemüse in der Auflaufform mischen. • Offen bei Mikrowellenleistung 600 Watt 16–20 Minuten stocken lassen.

Mein Tip: Sie können auch noch 250 g gekochten Schinken fein würfeln, unter das Gemüse heben und mit der Eiermilch vermischen.
Sehr gut schmeckt der Auflauf auch, wenn Sie ihn vor dem Servieren mit frisch gehackten Kräutern bestreuen.

Wammel + Zwiebel anbraten Ein zufügen + mit Käse überb

Überbackene Gemüsezwiebeln mit Thymian

Passen gut zu kurzgebratenem Rindfleisch

Gemüsezwiebeln mit Grünkern-Füllung

im Bild vorne

Zutaten für 4 Personen:
4 Gemüsezwiebeln
100 g Grünkern
⅛ l Gemüsebrühe
250 g Möhren · 150 g Crème fraîche · Vollmeersalz · weißer Pfeffer · 1 großer Apfel
1 Eßl. frische Thymianblättchen
100 g frisch geriebener mittelalter Gouda

Vollwertrezept

Pro Person etwa: 1800 kJ/430 kcal
Vorbereitungszeit: 40 Minuten

	Ein-stellung	Garzeit/ Minuten
Nur Mikrowellen	600 Watt	12–15
Nur Mikrowellen	600 Watt	4– 6
Nur Mikrowellen	180 Watt	5– 7
Mikrowellen mit Grill	600 Watt starke Stufe	7– 9
Gesamtgarzeit		28–37

Die Zwiebeln schälen und in einer mikrowellengeeigneten, hitzebeständigen Form mit 4 Eßlöffeln Wasser bei Mikrowellenleistung 600 Watt zugedeckt 12–15 Minuten garen. • Den Grünkern mit der Brühe in einem mikrowellengeeignetem Gefäß bei Mikrowellenleistung 600 Watt zugedeckt 4–6 Minuten aufkochen und bei 180 Watt 5–7 Minuten quellen lassen. • Die Möhren schälen, raspeln und daruntermischen. Die Crème fraîche dazugeben, mit Salz und Pfeffer würzen. • Das Zwiebelwasser abgießen. • Die Zwiebeln aushöhlen. Das Innere kleinschneiden und in der Form verteilen. • Den Apfel schälen, vierteln und vom Kerngehäuse befreien. In Spalten schneiden und in die Form geben. Mit dem Thymian bestreuen. • Die Zwiebeln in die Auflaufform setzen und mit der Grünkernmasse füllen. Den Käse darüber streuen. • Auf dem Rost in der mittleren Schiene bei Mikrowellenleistung 600 Watt mit starker Grillstufe 7–9 Minuten überbacken.

Sahne-Zwiebeln

im Bild hinten

Zutaten für 4 Personen:
500 g Gemüsezwiebeln
50 g Butter
150 g mittelalter Gouda
4 Vollkorntoastscheiben
Salz · weißer Pfeffer, frisch gemahlen
1 Eßl. frische Thymianblättchen
250 g Sahne

Preiswert

Pro Person etwa: 2200 kJ/520 kcal
Vorbereitungszeit: 15 Minuten

	Ein-stellung	Garzeit/ Minuten
Nur Mikrowellen	600 Watt	8–10
Mikrowellen mit Grill	600 Watt mittlere Stufe	12–14
oder		
Mikrowellen mit Umluft	600 Watt 210–230°	12–14
Gesamtgarzeit		20–34

Die Zwiebeln schälen und in sehr feine Ringe schneiden. Mit der Butter in eine mikrowellengeeignete, hitzebeständige Auflaufform mit Deckel geben. Zugedeckt bei Mikrowellenleistung 600 Watt 8–10 Minuten vorgaren. • Inzwischen den Käse reiben und das Toastbrot fein würfeln. • Die Zwiebeln mit Salz, Pfeffer und dem Thymian würzen. Die Sahne darüber gießen und den Käse darüber streuen. Die Toastbrotwürfel darauf verteilen. • Auf dem Rost in der unteren Schiene offen bei Mikrowellenleistung 600 Watt mit mittlerer Grillstufe 12–14 Minuten überbacken.

Spinatauflauf

Mit Polenta zubereitet

Zutaten für 4 Personen:
125 g Maisgrieß · ½ l Wasser
120 g Butter · 700 g Blattspinat
Vollmeersalz · Pfeffer
Muskatnuß, frisch gerieben
350 g Tomaten · 2 mittelgroße
Zwiebeln · 1½ Knoblauchzehen
100 g Emmentaler

Vollwertrezept

Pro Person etwa: 2000 kJ/480 kcal
Vorbereitungszeit: 45 Minuten

	Einstellung	Garzeit/ Minuten
Nur Mikrowellen	600 Watt	5– 7
Nur Mikrowellen	180 Watt	10–15
Nur Mikrowellen	600 Watt	4– 6
Mikrowellen mit Grill	600 Watt mittlere Stufe	10–12
oder		
Mikrowellen mit Umluftgrill	600 Watt 200–220°	
Gesamtgarzeit		29–40

Den Maisgrieß mit dem Wasser und der Butter in eine große mikrowellengeeignete, hitzebeständige Auflaufform mit Deckel geben. Zugedeckt bei Mikrowellenleistung 600 Watt 5–7 Minuten und bei 180 Watt 10–15 Minuten garen; zweimal umrühren. • Den Spinat waschen, putzen und mit 4 Eßlöffeln Wasser in ein mikrowellengeeignetes Gefäß mit Deckel geben. Zugedeckt bei Mikrowellenleistung 600 Watt 4–6 Minuten garen; einmal umrühren. • Den Grieß mit Salz, Pfeffer und Muskatnuß würzen. • Die Tomaten in Scheiben schneiden und auf dem Grieß verteilen. • Die Zwiebeln fein hacken und mit dem Spinat vermengen. Den Knoblauch dazupressen und den Spinat mit Salz, Pfeffer und Muskatnuß würzen. Den Spinat auf den Tomaten verteilen. Den Käse reiben und darüber streuen. • Auf dem Rost in der unteren Schiene bei Mikrowellenleistung 600 Watt mit mittlerer Grillstufe 10–12 Minuten überbacken.

Roggen-Kartoffelauflauf

Dazu schmeckt ein frischer Salat

Zutaten für 4 Personen:
100 g Roggenkörner · 4 Eier
200 g Crème fraîche
250 g Sahne · 1 Bund frisch
gehackter Kerbel
Vollmeersalz · weißer Pfeffer
3 mittelgroße Zwiebeln
750 g rohe Kartoffeln (in
Scheiben) · 125 g frisch
geriebener Emmentaler
40 g Butter

Vollwertrezept

Pro Person etwa: 3700 kJ/880 kcal
Vorbereitungszeit: 20 Minuten

	Einstellung	Garzeit/ Minuten
Nur Mikrowellen	600 Watt	5– 7
Nur Mikrowellen	180 Watt	10–13
Nur Mikrowellen	600 Watt	2– 3
Mikrowellen mit Umluft	600 Watt 180–200°	22–25
oder		
Mikrowellen mit Ober- und Unterhitze	600 Watt 200–220°	
Gesamtgarzeit		39–48

Den Roggen mit Wasser in einem mikrowellengeeignetem Gefäß mit Deckel bei Mikrowellenleistung 600 Watt 5–7 Minuten aufkochen und bei 180 Watt 10–13 Minuten quellen lassen. • Die Eier, die Crème fraîche, die Sahne und den Kerbel verschlagen. Mit Salz und Pfeffer würzen. • Die Zwiebeln fein hacken. • Den Roggen abtropfen lassen. • Die Zwiebeln in dem Gefäß zugedeckt bei Mikrowellenleistung 600 Watt 2–3 Minuten dünsten. • Je zur Hälfte Kartoffeln, Eiersahne und Käse in eine mikrowellengeeignete, hitzebeständige Auflaufform geben. Den Roggen mit den Zwiebeln darüber streuen. Den Rest in gleicher Reihenfolge einschichten. Die Butter in Flöckchen darauf setzen. • Auf dem Rost in der unteren Schiene bei Mikrowellenleistung 600 Watt mit Umluft 180–200° 22–25 Minuten backen.

Pfannkuchen mit Gemüsefüllung

Den Teig können Sie auch mit 160 g »weißem« Mehl zubereiten

Zutaten für 4 Personen:

Für den Teig:
- 100 g Weizenvollkornmehl
- 60 g Hirse, feingemahlen
- Vollmeersalz · ¼ l Milch · 2 Eier

Für die Füllung:
- 200 g Möhren
- 100 g Knollensellerie
- 200 g Lauch · 1 Eßl. Wasser
- 1 Bund Petersilie
- 100 g mittelalter Gouda
- 150 g Crème fraîche
- Vollmeersalz · weißer Pfeffer, frisch gemahlen

Für den Guß:
- 100 g Crème fraîche
- 100 g Sahne · Vollmeersalz
- weißer Peffer, frisch gemahlen

Zum Backen:
- 6 Eßl. Sonnenblumenöl

Vollwertrezept

Pro Person etwa: 3300 kJ/790 kcal
Vorbereitungszeit: 50 Minuten

	Einstellung	Garzeit/ Minuten
Nur Mikrowellen	600 Watt	4– 6
Mikrowellen mit Grill	600 Watt starke Stufe	5– 7
Gesamtgarzeit		9–13

Für den Teig das Mehl und die Hirse mit Salz mischen. Nach und nach die Milch und die Eier unterrühren. Den Teig etwa 30 Minuten quellen lassen. • Inzwischen für die Füllung die Möhren und den Sellerie schälen und in feine Streifen schneiden. Den Lauch putzen und in Ringe schneiden. Das Gemüse mit dem Wasser in einem mikrowellengeeigneten Gefäß mit Deckel bei Mikrowellenleistung 600 Watt zugedeckt 4–6 Minuten garen. • Die Petersilie waschen und fein hacken. Den Käse reiben. Je 1 Eßlöffel davon beiseite stellen und den Rest mit dem Gemüse und der Crème fraîche mischen. Mit Salz und Pfeffer würzen. • Für den Guß die Créme fraîche mit der Sahne verschlagen und mit Salz und Pfeffer würzen. • Das Öl portionsweise in einer kleinen Pfanne (15 cm Durchmesser) erhitzen und 10–12 dünne Pfannkuchen backen. Die Pfannkuchen mit dem Gemüse füllen und in eine mikrowellengeeignete, hitzebeständige Auflaufform legen. Mit dem Guß übergießen und dem restlichen Käse bestreuen. • Auf dem Rost in der mittleren Schiene bei Mikrowellenleistung 600 Watt mit starker Grillstufe 5–7 Minuten überbacken. Die restliche Petersilie darüber streuen.

Variante: Die Pfannkuchen können Sie auch mit anderem Getreide zubereiten. Verwenden Sie dann beispielsweise nur 160 g Weizen- oder Weizenvollkornmehl. Oder mischen Sie 80 g gemahlenen Dinkel mit 80 g gemahlener Hirse. Für eine Tomatenfüllung 3 mittelgroße Zwiebeln schälen, fein hacken und in ein mikrowellengeeignetes Gefäß mit Deckel geben. Zugedeckt bei Mikrowellenleistung 600 Watt 2–3 Minuten dünsten. Etwa 500 g Tomaten häuten, fein würfeln und mit den Zwiebeln mischen. Etwa 10 Basilikumblätter in feine Streifen schneiden, 125 g alten Gouda reiben und je 1 Eßlöffel davon beiseite stellen. Den Rest mit dem Gemüse und 50 g Crème fraîche mischen. Mit Salz und Pfeffer würzen. Die Pfannkuchen backen und mit der Tomatenmasse füllen, aufrollen und in eine mikrowellengeeignete, hitzebeständige Auflaufform legen. Für den Guß 100 g Crème fraîche mit 100 g Sahne verschlagen, mit Salz und Pfeffer würzen und über die Pfannkuchen gießen. Mit dem restlichen Käse bestreuen und wie oben beschrieben überbacken. Mit dem restlichen Basilikum bestreuen und servieren.

Schwarzwurzelauflauf

Mit Hirsesauce überbacken

Zutaten für 4 Personen:
- 1⅛ l Wasser · 5 Eßl. Essig
- 1 kg Schwarzwurzeln
- Vollmeersalz · 1 Teel. Honig
- 500 g Möhren · ¼ l Milch
- 1 Bund Petersilie · 30 g Butter
- 30 g gemahlene Hirse
- 150 g Gorgonzola · weißer
- Pfeffer, frisch gemahlen
- Muskatnuß, frisch gerieben

Vollwertrezept

Pro Person etwa: 1500 kJ/360 kcal
Vorbereitungszeit: 40 Minuten

	Einstellung	Garzeit/ Minuten
Nur Mikrowellen	600 Watt	10–12
Nur Mikrowellen	600 Watt	8–10
Nur Mikrowellen	600 Watt	4– 6½
Mikrowellen mit Grill	600 Watt starke Stufe	5– 7
Gesamtgarzeit		27–35½

Etwa 1 l Wasser mit 4 Eßlöffeln Essig mischen. Die Schwarzwurzeln waschen, schälen, in Stücke schneiden und die Stücke kurz in das Essigwasser legen. • Das Essigwasser abgießen. Die Schwarzwurzeln in eine mikrowellengeeignete, hitzebeständige Auflaufform mit Deckel geben. Das restliche Wasser, den restlichen Essig, Salz und den Honig mischen und darüber gießen. Zugedeckt bei Mikrowellenleistung 600 Watt 10–12 Minuten garen. • Die Möhren schälen, in Scheiben schneiden und mit 2 Eßlöffeln Wasser in ein mikrowellengeeignetes Gefäß mit Deckel geben. Zugedeckt bei Mikrowellenleistung 600 Watt 8–10 Minuten garen. • Die Milch in ein Litermaß gießen und mit dem Schwarzwurzelwasser auf ⅜ l auffüllen. • Die Petersilie waschen und hacken. • Das Möhrenwasser abgießen und die Möhren mit den Schwarzwurzeln mischen. Die Butter und die Hirse in das Gefäß, in dem die Möhren gegart wurden, geben und bei Mikrowellenleistung 600 Watt in 1–1½ Minuten schmelzen lassen. Verrühren, die Flüssigkeit untermischen und bei Mikrowellenleistung 600 Watt 3–5 Minuten andicken. Einmal umrühren, dabei den Gorgonzola hinzufügen und in der Sauce auflösen lassen. Mit Salz, Pfeffer, Muskatnuß und der Petersilie würzen. • Die Sauce über das Gemüse geben. Auf dem Rost in der mittleren Schiene bei Mikrowellenleistung 600 Watt mit starker Grillstufe 5–7 Minuten überbacken.

Variante: Diesen Auflauf können Sie abwandeln, indem Sie andere Gemüsesorten verwenden oder eine andere Sauce zubereiten: Eine mittelgroße Zwiebel fein hacken und mit 30 g Butter in eine mikrowellengeeignete, hitzebeständige Auflaufform mit Deckel geben. Etwa 400 g Möhren, 300 g Fenchel und 250 g Rosenkohl waschen und putzen. Die Möhren in dünne Streifen schneiden. Den Fenchel halbieren, den Strunk entfernen und die Hälften kleinschneiden. Das Gemüse auf den Zwiebeln verteilen. Zugedeckt bei Mikrowellenleistung 600 Watt 16–17 Minuten garen. Die Sauce wie oben beschrieben zubereiten, auf dem Gemüse verteilen und überbacken.

Probieren Sie den Auflauf auch einmal mit einer anderen Sauce. Dafür 1 Bund Petersilie waschen und fein hacken. Die Petersilie mit 150 g Briekäse, 2 Eiern und 100 g Crème fraîche mit dem Pürierstab zu einer streichfähigen Masse verarbeiten. Diese Creme auf dem vorgegarten Gemüse verteilen und wie oben beschrieben überbacken.

gibt keine Hirse
+ Rosen Kohl
evtl. andere
Käse verwenden
Oct 1/95

Grünkernauflauf

Mit Gemüse und Kräutern der Provence

Zutaten für 4 Personen:
Für die Getreidemasse:
200 g Grünkern, grob geschrotet
625 ccm Gemüsebrühe
1 Teel. Steinpilz-Hefebrühe (Reformhaus) · Vollmeersalz
weißer Pfeffer, frisch gemahlen
100 g Crème fraîche
Für das Gemüse:
1 Gemüsezwiebel
300 g Tomaten · 300 g Zucchini
200 g Auberginen
100 g mittelalter Gouda
150 g Crème fraîche
Kräuter der Provence
Vollmeersalz · weißer Pfeffer, frisch gemahlen

Vollwertrezept

Pro Person etwa: 2400 kJ/570 kcal
Vorbereitungszeit: 40 Minuten

	Einstellung	Garzeit/ Minuten
Nur Mikrowellen	600 Watt	6– 8
Nur Mikrowellen	180 Watt	5– 7
Nur Mikrowellen	600 Watt	3– 4
Nur Mikrowellen	600 Watt	5– 7
Mikrowellen mit Ober- und Unterhitze	360 Watt 180–200°	18–22
oder		
Mikrowellen mit Umluft	360 Watt 160–180°	18–22
Gesamtgarzeit		37–48

Für die Getreidemasse den Grünkern in ein großes mikrowellengeeignetes Gefäß mit Deckel geben. Die Gemüsebrühe mit der Steinpilz-Hefebrühe verrühren, mit Salz und Pfeffer würzen und zum Grünkern gießen. Bei Mikrowellenleistung 600 Watt 6–8 Minuten aufkochen, umrühren und bei 180 Watt 5–7 Minuten quellen lassen. Dann die Crème fraîche unterrühren. • Inzwischen für das Gemüse die Zwiebel schälen, in Ringe schneiden und in ein hohes mikrowellengeeignetes Gefäß mit Deckel geben. Zugedeckt bei Mikrowellenleistung 600 Watt 3–4 Minuten dünsten. • Das Gemüse waschen. Die Tomaten mit kochendem Wasser überbrühen, häuten und in Scheiben schneiden. Die Zucchini ebenfalls in Scheiben, die Auberginen in Würfel schneiden. Das Gemüse zu den Zwiebeln geben und bei Mikrowellenleistung 600 Watt 5–7 Minuten garen. • Den Käse reiben und die Hälfte mit der Crème fraîche unter das Gemüse rühren. Mit Kräutern der Provence, Salz und Pfeffer pikant abschmecken. • Die Hälfte der Grünkernmasse in eine mikrowellengeeignete, hitzebeständige Auflaufform geben und glattstreichen. Das Gemüse darauf verteilen und mit der restlichen Masse bedecken. Ebenfalls glattstreichen und mit dem restlichen Käse bestreuen. • Auf dem Rost in der unteren Schiene bei Mikrowellenleistung 360 Watt mit Ober- und Unterhitze 180–200° 18–22 Minuten garen.

Variante: Bereiten Sie die Grünkernmasse wie oben beschrieben zu. Statt Tomaten, Zucchini und Auberginen nehmen Sie je 2 rote, grüne und gelbe Paprikaschoten. Diese putzen und in kleine Würfel schneiden. Zusammen mit Gemüsezwiebelringen in einem mikrowellengeeigneten Gefäß bei Mikrowellenleistung 600 Watt 7–9 Minuten garen. Dann wie oben beschrieben fertiggaren. Sie können auch noch das Gemüse mit Knoblauch würzen.

Mein Tip: Dazu schmeckt eine Béchamelsauce mit Kräutern, die Sie vorher wie auf Seite 11 beschrieben zubereiten können. Die Sauce dann in einem mikrowellengeeigneten, hitzebeständigen Gefäß bei Mikrowellenleistung 600 Watt zugedeckt 2–4 Minuten erwärmen. Mit Vollkornbaguette zum Auflauf servieren.

Weißkohlauflauf

Kerniger Auflauf mit Roggen und Möhren

Zutaten für 4 Personen:
100 g Roggenkörner
¼ l Wasser · Vollmeersalz
800 g Weißkohl · 2 mittelgroße Zwiebeln · 30 g Butter
75 ccm Wein oder Gemüsebrühe
500 g Egerlinge oder Champignons
100 g Sahne · schwarzer Pfeffer, frisch gemahlen
300 g Möhren
1 Bund Petersilie · 3 Eier
200 g saure Sahne · ⅛ l Milch
Muskatnuß, frisch gerieben
50 g mittelalter Gouda

Vollwertrezept

Pro Person etwa: 2100 kJ/500 kcal
Vorbereitungszeit: 45 Minuten

	Einstellung	Garzeit/ Minuten
Nur Mikrowellen	600 Watt	5– 7
Nur Mikrowellen	180 Watt	10–13
Nur Mikrowellen	600 Watt	3– 5
Mikrowellen mit Umluft	360 Watt 160–180°	25–30
oder		
Mikrowellen mit Ober- und Unterhitze	360 Watt 180–200°	25–30
Gesamtgarzeit		43–55

Den Roggen mit dem Wasser in einem mikrowellengeeigneten Gefäß bei Mikrowellenleistung 600 Watt zugedeckt 5–7 Minuten erhitzen und bei Mikrowellenleistung 180 Watt 10–13 Minuten quellen lassen. • Inzwischen Wasser mit Salz in einem großen Topf auf der Herdplatte zum Kochen bringen. Den Weißkohl darin garen, bis sich die äußeren Blätter ablösen lassen. Alle Blätter noch etwa 10–15 Minuten garen. • Die Zwiebeln schälen, fein hacken und mit der Butter in einer Pfanne auf der Herdplatte glasig dünsten. Den Wein oder die Gemüsebrühe hinzufügen und kochen lassen. • Die Egerlinge putzen, blättrig schneiden, zu den Zwiebeln geben und mitdünsten, bis die Flüssigkeit verdampft ist. • Die Weißkohlbätter in einem Sieb abtropfen lassen. • Die Sahne zu den Egerlingen geben, mit Salz und Pfeffer abschmecken und eindicken lassen. • Den Roggen in ein Sieb schütten und abtropfen lassen. • Die Möhren schälen, grob raspeln und in das Gefäß geben, in dem der Roggen gegart wurde. Mit 2 Eßlöffeln Wasser bei Mikrowellenleistung 600 Watt zugedeckt 3–5 Minuten garen. • Die Petersilie waschen und fein hacken. • Die Egerlinge mit dem Roggen, den Möhren und der Petersilie mischen. • Die dicken Mittelrippen der Weißkohlblätter flachschneiden. • Die Eier mit der sauren Sahne und der Milch verschlagen. Mit Salz, Pfeffer und Muskatnuß würzen. • Ein Drittel der Kohlblätter auf dem Boden einer mikrowellengeeigneten, hitzebeständigen Auflaufform verteilen. Darauf die Hälfte der Gemüse-Roggenmischung geben und diese mit einem Drittel der Eiermilch übergießen. Die restlichen Zutaten in der gleichen Reihenfolge einschichten. Die letzte Schicht sollte aus Weißkohlblättern bestehen. Die restliche Sauce darüber gießen. • Den Käse reiben und darüber streuen. Auf dem Rost in der unteren Schiene bei Mikrowellenleistung 360 Watt mit Umluft 160–180° 25–30 Minuten backen.

Variante: Statt Roggen können Sie auch Weizenkörner oder gemischte Körner, die als Sechskorn angeboten werden, verwenden. Lassen Sie die Körner dann wie beschrieben quellen. Besonders pikant wird der Auflauf, wenn Sie statt der Möhren die gleiche Menge rote Paprikaschoten verwenden. Diese würfeln und in einem mikrowellengeeigneten Gefäß bei Mikrowellenleistung 600 Watt 3–5 Minuten vorgaren.

Gemüse-Reisauflauf

Sehr saftig durch die Eiersahne

Zutaten für 4 Personen:
250 g Naturreis · ½ l Wasser
½ Teel. Steinpilz-Hefebrühe (Reformhaus) · 250 g Tomaten
je 1 mittelgroße rote, grüne und gelbe Paprikaschote
2 mittelgroße Zwiebeln
4 Eier · 100 g Sahne
200 g Emmentaler
1 Bund Petersilie · Salz
weißer Pfeffer, frisch gemahlen

Gut vorzubereiten

Pro Person etwa: 2600 kJ/620 kcal
Vorbereitungszeit: 30 Minuten

	Einstellung	Garzeit/ Minuten
Nur Mikrowellen	600 Watt	8
Nur Mikrowellen	180 Watt	15–18
Nur Mikrowellen	600 Watt	3– 5
Nur Mikrowellen	600 Watt	13–15
Gesamtgarzeit		39–46

Den Reis mit dem Wasser und der Brühe in einer hohen mikrowellengeeigneten Auflaufform bei Mikrowellenleistung 600 Watt zugedeckt 8 Minuten und bei 180 Watt 15–18 Minuten garen. • Die Tomaten mit kochendem Wasser überbrühen, häuten, in Würfel schneiden und beiseite stellen. Die Paprikaschoten putzen, fein würfeln und in ein mikrowellengeeignetes Gefäß mit Deckel geben. Die Zwiebeln schälen, fein hacken und mit dem Paprika bei Mikrowellenleistung 600 Watt zugedeckt 3–5 Minuten garen. • Die Eier mit der Sahne verschlagen. • Den Käse reiben und 2 Eßlöffel beiseite stellen. Die Petersilie waschen und fein hacken. Den Käse und die Petersilie unter die Eier-Sahnemasse mischen. Mit Salz und Pfeffer würzen. • Das Paprika-Zwiebelgemüse, die Tomaten und die Eier-Sahnemasse zum Reis geben und alle Zutaten gut vermengen, glattstreichen und mit dem restlichen Käse bestreuen. • Den Auflauf offen bei Mikrowellenleistung 600 Watt 13–15 Minuten garen.

Süße Aufläufe und überbackene Desserts

Süße Aufläufe und Desserts sind immer eine beliebte Abwechslung und bedürfen keiner besonderen Gelegenheit. Ob als Ergänzung eines einfachen Hauptgerichtes oder als Krönung eines festlichen Menüs – einen süßen Abschluß lehnt bestimmt keiner ab.
Je nach Jahreszeit lassen sich aus den verschiedenen Obstsorten, Quark, Grieß, Eiern und Sahne verlockende Köstlichkeiten zubereiten. Während Sie noch das Hauptgericht genießen, bereiten Sie bereits den Auflauf oder das Dessert in der Mikrowelle zu. Noch warm serviert, schmeckt der hier abgebildete Brotauflauf mit Kirschen am besten. Das Rezept für Kirschenmännle finden Sie auf Seite 58.
Das Kapitel bietet Ihnen so verlockende Süßspeisen wie Beeren mit einer Weinschaumsauce überbacken, Crêpes mit Ananas und Walnüssen gefüllt oder ein Haselnuß-Soufflé.

Beliebte süße Brotaufläufe

Zwei Klassiker mit Kirschen oder Marmelade

Hefezopfauflauf

im Bild links

Zutaten für 4 Personen:
Für die Form:
Butter und Semmelbrösel
10 Scheiben Hefezopf
50 g Butter
5 Eßl. Pflaumenmus
½ l Milch · 4 Eier
1 Päckchen Vanillinzucker
100 g gemahlene Mandeln

Preiswert

Pro Person etwa: 2600 kJ/620 kcal
Vorbereitungszeit: 15 Minuten

	Einstellung	Garzeit/ Minuten
Mikrowellen mit Umluft	600 Watt 190–210°	15–20
oder		
Mikrowellen mit Ober- und Unterhitze	360 Watt 210–230°	15–20

Eine mikrowellengeeignete, hitzebeständige Auflaufform mit Butter ausfetten und mit Semmelbröseln ausstreuen. • Die Hefezopfscheiben mit der Butter und dem Pflaumenmus bestreichen und dachziegelartig in die Auflaufform legen. • Die Milch mit den Eiern, dem Vanillinzucker und den Mandeln verschlagen und über die Brotscheiben gießen. • Den Auflauf in der unteren Schiene bei Mikrowellenleistung 360 Watt mit Umluft 190–210° 15–20 Minuten überbacken.

Mein Tip: Sie können die Hefezopfscheiben auch mit Aprikosen- oder Kirschmarmelade bestreichen. Dazu schmeckt ein Kompott aus frischen Früchten.

Kirschenmännle

im Bild rechts

Zutaten für 4 Personen:
7 Brötchen vom Vortag
1 Eßl. Butter
1 Eßl. Butterschmalz
60 g Zucker · 3 Eier · Schale von
1 unbehandelten Zitrone
Zimtpulver · ¾ l Milch
1 kg Süßkirschen
30 g Butterflöckchen zum Belegen

gut! 5.4.95

Klassisches Gericht

Pro Person etwa: 2500 kJ/600 kcal
Vorbereitungszeit: 40 Minuten

	Einstellung	Garzeit/ Minuten
Nur Mikrowellen	600 Watt	½
Mikrowellen mit Umluft	360 200–210°	20–25
oder		
Mikrowellen mit Ober- und Unterhitze	360 Watt 210–220°	20–25
Gesamtgarzeit		20½–25½

Die Brötchen in dünne Scheiben schneiden. • Die Butter und das Butterschmalz in einer mikrowellengeeigneten Rührschüssel bei Mikrowellenleistung 600 Watt in ½ Minute geschmeidig werden lassen. Mit dem Zucker schaumig rühren, die Eier, die Zitronenschale und Zimt nach und nach untermischen. Die Milch dazugießen und verrühren. • Die Brötchenscheiben mit der Eiermilch übergießen und ziehen lassen. • Inzwischen die Kirschen waschen und entsteinen. • Die Hälfte der Brötchenscheiben in eine mikrowellengeeignete, hitzebeständige Auflaufform legen. Die Kirschen darüber geben und mit der restlichen Brötchenmasse bedecken. Mit Butterflöckchen belegen. • In der unteren Schiene bei Mikrowellenleistung 360 Watt mit Umluft 200–210° 20–25 Minuten backen.

Zwiebackaufläufe

Schmecken mit Ananas oder Pfirsichen

Ananas-Zwiebackauflauf

im Bild vorne

Zutaten für 2–4 Personen:
Für die Form: Butter
12–14 Scheiben Zwieback
8 Scheiben Ananas aus der Dose
4 Eier · ¼ l Milch · 20 g Zucker
½ Teel. Zimtpulver
4 Teel. Preiselbeerkonfitüre

Gelingt leicht

Bei 4 Personen pro Person etwa: 2000 kJ/480 kcal
Vorbereitungszeit: 20 Minuten

	Einstellung	Garzeit/ Minuten
Mikrowellen mit Ober- und Unterhitze	600 Watt 230–250°	10–12
oder		
Mikrowellen mit Umluft	600 Watt 210–230°	

Eine mikrowellengeeignete, hitzebeständige Auflaufform einfetten. • Den Boden mit den Zwiebäcken auslegen. • Die Ananasscheiben in einem Sieb abtropfen lassen. • Die Eier mit der Milch verschlagen und die Hälfte über die Zwiebäcke gießen. • Den Zucker mit dem Zimt vermischen und darüber streuen. Die Ananasscheiben auf die Zwiebäcke legen. • Die restlichen Zwiebäcke und Ananasscheiben in der gleichen Reihenfolge einschichten. Die restliche Eiermilch zum Schluß darüber geben. • Die Preiselbeerkonfitüre in die Öffnung der Ananasscheiben füllen. • Auf dem Rost in der unteren Schiene bei Mikrowellenleistung 600 Watt mit Ober- und Unterhitze 230–250° 10–12 Minuten goldgelb überbacken.

Mein Tip: Sie können auch eine kleine frische Ananas schälen und in Scheiben schneiden. Die holzige Mitte ausstechen, kleinschneiden und um die eingeschichteten Ananasringe verteilen.

Pfirsich-Zwiebackauflauf

im Bild hinten

Zutaten für 2 Personen:
12 Vollkornzwiebäcke
¼ l Milch · 4 Pfirsiche
⅛ l Sahne · 2 Eier
5 Eßl. Honig
80 g gemahlene Mandeln
Schale und Saft von
1 unbehandelten Zitrone
2 Eßl. Sesammus
½ Eßl. Sesamsamen

Vollwertrezept

Pro Person etwa: 6100 kJ/1500 kcal
Vorbereitungszeit: 30 Minuten

	Einstellung	Garzeit/ Minuten
Mikrowellen mit Grill	600 Watt starke Stufe	5–7

Die Zwiebäcke in eine kleine mikrowellengeeignete, hitzebeständige Auflaufform bröckeln, mit der Milch übergießen. • Die Pfirsiche mit kochendem Wasser überbrühen, häuten, halbieren, entkernen und auf dem Zwieback verteilen. • Die Sahne mit den Eiern, dem Honig, den Mandeln, der Zitronenschale, dem Saft und dem Sesammus gut verschlagen. Die Eier-Sahnemasse über die Pfirsichhälften gießen und mit den Sesamsamen bestreuen. • Auf dem Rost in der mittleren Schiene bei Mikrowellenleistung 600 Watt mit starker Grillstufe 5–7 Minuten backen.

Mein Tip: Sehr gut schmeckt der Auflauf auch, wenn Sie ihn statt mit Sesammus mit einem Nußmus zubereiten und statt mit Sesamsamen mit gehobelten Haselnüssen bestreuen. Wenn Sie die Pfirsichhälften mit der Schnittfläche nach oben auf die Zwiebäcke legen, können Sie diese auch noch mit etwas Preiselbeerkonfitüre füllen.

Milchreisauflauf mit Eischnee

Dazu schmeckt sehr gut eine Fruchtsauce oder Kompott

Zutaten für 4 Personen:

⅜ l Milch · 150 g Rundkornreis
3 Eiweiß · 75 g Butter
120 g Zucker · 1 Prise Salz
3 Eigelb · Schale von
½ unbehandelten Zitrone
375 g Magerquark
50 g Mandelblättchen
1 Eßl. Butter

Preiswert

Pro Person etwa: 3100 kJ/740 kcal
Vorbereitungszeit: 15 Minuten
Abkühlzeit: 30 Minuten

	Einstellung	Garzeit/ Minuten
Nur Mikrowellen	600 Watt	10–12
Nur Mikrowellen	180 Watt	20
Nur Mikrowellen	600 Watt	½
Mikrowellen mit Ober- und Unterhitze	180 Watt 200–220°	22–27
oder		
Mikrowellen mit Umluft	180 Watt 180–200°	22–27
Gesamtgarzeit		52½–59½

Die Milch mit dem Reis in eine hohe mikrowellengeeignete, hitzebeständige Auflaufform mit Deckel geben. Zugedeckt bei Mikrowellenleistung 600 Watt in 10–12 Minuten zum Kochen bringen. Dann bei Mikrowellenleistung 180 Watt 20 Minuten quellen lassen. • Den Milchreis etwa 30 Minuten abkühlen lassen. • Die Eiweiße steif schlagen. • Die Butter in eine mikrowellengeeignete Rührschüssel geben. Bei Mikrowellenleistung 600 Watt in ½ Minute geschmeidig werden lassen. Mit dem Zucker und dem Salz schaumig rühren. Die Eigelbe, die abgeriebene Zitronenschale und den Quark nach und nach untermischen. • Die Quarkcreme zu dem abgekühlten Milchreis in die Auflaufform geben und gut verrühren. Die steifgeschlagenen Eiweiße unterheben. Die Masse glattstreichen, den Rand der Form mit Küchenpapier abwischen. Den Auflauf mit den Mandelblättchen bestreuen und die Butter in Flöckchen darauf verteilen. • Auf dem Rost in der unteren Schiene bei Mikrowellenleistung 600 Watt Ober- und Unterhitze 200–220° offen 22–27 Minuten backen.

Variante: Sie können den Auflauf noch mit Äpfeln verfeinern. Dafür 4 mittelgroße Äpfel schälen, vierteln und vom Kerngehäuse befreien. Die Äpfel in kleine Würfel schneiden. Die Würfel mit 80 g Rosinen unter die Quark-Reismasse ziehen. Statt Äpfeln können Sie auch Kirschen verwenden. Dafür 500 g Kirschen entsteinen und unter die Quarkmasse ziehen. Mit einer Fruchtsauce schmeckt der Auflauf ebenso gut.
Für eine Pflaumensauce 750 g Pflaumen, Zwetschgen oder Mirabellen waschen und entsteinen. Die Früchte pürieren und mit 100–130 g Zucker nach Geschmack süßen. In ein hohes mikrowellengeeignetes Gefäß geben und bei Mikrowellenleistung 600 Watt 3–5 Minuten erwärmen. Die Sauce durch ein Sieb passieren und mit Zimt abschmecken. Sie können die Sauce warm oder kalt mit dem Reisauflauf servieren.

Mein Tip: Wenn Sie Milchreis in der Mikrowelle zubereiten, sparen Sie keine Zeit. Aber: Beim Zubereiten brennt der Reis nicht an und kocht nicht über. Sie brauchen auch keinen Topf zu spülen, da Sie den Milchreis gleich in der Auflaufform garen.

Reisauflauf mit getrockneten Aprikosen

Die Aprikosen sorgen für den süßen Geschmack

Zutaten für 4 Personen:
100 g Butter · 80 g Zucker
3 Eier · Salz · 500 g Quark
¾ l Milch · 150 g Rundkornreis
150 g getrocknete Aprikosen
100 g Rosinen

Gut vorzubereiten

Pro Person etwa: 3500 kJ/830 kcal
Vorbereitungszeit: 15 Minuten

	Einstellung	Garzeit/ Minuten
Nur Mikrowellen	600 Watt	1
Nur Mikrowellen	600 Watt	10–12
Nur Mikrowellen	180 Watt	20
Mikrowellen mit Ober- und Unterhitze	180 Watt 200–220°	20–25
oder		
Mikrowellen mit Umluft	180 Watt 180–200°	
Gesamtgarzeit		51–58

Die Butter in einer mikrowellengeeigneten Rührschüssel bei Mikrowellenleistung 600 Watt in 1 Minute geschmeidig werden lassen. Mit dem Zucker schaumig schlagen, die Eier, Salz und den Quark nach und nach unterrühren. Die Milch und den Reis untermischen. • Die Aprikosen fein würfeln und mit den Rosinen unterrühren. In eine hohe mikrowellengeeignete, hitzebeständige Auflaufform geben. Alles in der Form nochmals miteinander verrühren. • Auf dem Rost in der unteren Schiene bei Mikrowellenleistung 600 Watt in 10–12 Minuten zum Kochen bringen. Dann bei Mikrowellenleistung 180 Watt 20 Minuten quellen lassen. Zwischendurch dreimal umrühren, damit die Aprikosen und der Reis sich nicht am Boden absetzen. • Den Auflauf nach Ablauf der Garzeit noch bei Mikrowellenleistung 180 Watt mit Ober- und Unterhitze 200–220° 20–25 Minuten backen.

Mein Tip: Statt Aprikosen können Sie auch Apfelstückchen verwenden. Dafür 4 mittelgroße Äpfel schälen und würfeln.

Apfelaufläufe

Einmal mit geriebenen und einmal mit ganzen Äpfeln zubereitet

Auflauf mit geriebenen Äpfeln

im Bild hinten

Zutaten für 6 Personen:
800 g Äpfel · Saft von ½ Zitrone · 5 Eßl. Mandellikör oder 2 Tropfen Bittermandelöl
4 Eiweiß · 80 g Butter · 100 g Zucker · 4 Eigelb · Schale von ½ unbehandelten Zitrone
⅛ l Milch · 50 g Mehl · 1 Teel. Backpulver · 50 g gemahlene Mandeln · 2 Eßl. Rosinen

Preiswert

Pro Person etwa: 1700 kJ/400 kcal
Vorbereitungszeit: 35 Minuten

	Einstellung	Garzeit/ Minuten
Nur Mikrowellen	600 Watt	½
Mikrowellen mit Ober- und Unterhitze	180 Watt 200–220°	20–25
oder		
Mikrowellen mit Umluft	180 Watt 180–200°	20–25
Gesamtgarzeit		20½–25½

Die Äpfel schälen, vierteln, vom Kerngehäuse befreien und die Äpfel grob raspeln. Mit dem Zitronensaft und dem Likör oder dem Bittermandelöl beträufeln. • Die Eiweiße steif schlagen und kühl stellen. • Die Butter in einer mikrowellengeeigneten Rührschüssel bei Mikrowellenleistung 600 Watt in ½ Minute geschmeidig werden lassen. Mit dem Zucker schaumig schlagen. Nach und nach die Eigelbe, die Zitronenschale und die Milch unterrühren. Das Mehl mit dem Backpulver und den Mandeln mischen und unter die Masse ziehen. Die Äpfel, die Rosinen und den Eischnee unterheben. • In einer mikrowellengeeigneten, hitzebeständigen Form auf dem Rost in der unteren Schiene bei Mikrowellenleistung 180 Watt mit Ober- und Unterhitze 200–220° 20–25 Minuten backen.

Gebackene Äpfel

im Bild vorne

Zutaten für 4 Personen:
4 Äpfel · Saft von 1 Zitrone
4 Eßl. Weißwein oder Apfelsaft
4 Teel. gemahlene Pistazien
4 Teel. Kiwi- oder Aprikosenmarmelade · ¼ l Milch · 1 Eßl. Speisestärke · 2 Eßl. Zucker
1 Päckchen Vanillinzucker
Mark von 1 Vanilleschote
2 Eigelb · 2 Eiweiß

Gelingt leicht

Pro Person etwa: 1100 kJ/260 kcal
Vorbereitungszeit: 25 Minuten
Vorbereitungszeit: 25 Minuten

	Einstellung	Garzeit/ Minuten
Nur Mikrowellen	600 Watt	3– 5
Mikrowellen mit Grill	600 Watt starke Stufe	6– 7
Gesamtgarzeit		9–12

Die Äpfel schälen und die Kerngehäuse ausstechen. In eine mikrowellengeeignete, hitzebeständige Auflaufform setzen und mit dem Zitronensaft und dem Wein übergießen. • Die Pistazien mit der Marmelade mischen und die Äpfel damit füllen. • Die Milch in ein hohes, mikrowellengeeignetes Gefäß geben. Mit der Speisestärke, 1 Eßlöffel Zucker, dem Vanillinzucker und dem Vanillemark gut verrühren. Bei Mikrowellenleistung 600 Watt 3–5 Minuten aufkochen lassen; einmal umrühren. • Etwa 2 Eßlöffel von der heißen Creme mit den Eigelben verrühren, in die Creme zurückgeben, verrühren und über die Äpfel gießen. • Auf dem Rost in der unteren Schiene bei Mikrowellenleistung 600 Watt mit starker Grillstufe 4 Minuten garen. • Die Eiweiße mit dem restlichen Zucker steif schlagen, auf den Äpfeln verteilen und bei Mikrowellenleistung 600 Watt mit starker Grillstufe 2–3 Minuten überbacken.

Gebackene Bananen als Dessert

Mit Vanillecreme oder Honig

Bananen mit Vanillecreme

im Bild links

Zutaten für 4 Personen:
50 g Stärkemehl · ½ l Milch
Mark von 1 Vanilleschote
40 g Butter · 20 g Zucker
3 Eigelb · 2 große Bananen
Saft von 1 Zitrone · 3 Eiweiß
2 Eßl. Kokosraspel

Preiswert

Pro Person etwa: 1500 kJ/360 kcal
Vorbereitungszeit: 20 Minuten

	Einstellung	Garzeit/ Minuten
Nur Mikrowellen	600 Watt	6–8
Mikrowellen mit Umluft	360 Watt 180–200°	17–20
oder		
Mikrowellen mit Ober- und Unterhitze	360 Watt 200–220°	17–20
Gesamtgarzeit		23–28

Das Stärkemehl mit 5 Eßlöffeln Milch anrühren. Die restliche Milch mit dem Vanillemark, der Butter und dem Zucker in einem hohen mikrowellengeeigneten Gefäß bei Mikrowellenleistung 600 Watt 3–5 Minuten aufkochen. Die Stärke unterrühren und bei Mikrowellenleistung 600 Watt 3 Minuten eindicken lassen. • Die Eigelbe mit 2 Eßlöffeln von der heißen Creme verrühren, in die Creme zurückgeben und untermischen. • Die Bananen schälen, in Scheiben schneiden, auf dem Boden einer flachen mikrowellengeeigneten, hitzebeständigen Form verteilen und mit dem Zitronensaft beträufeln. Die Eiweiße steif schlagen und unter die Creme ziehen. Die Creme darüber gießen und mit den Kokosraspel bestreuen. • Auf dem Rost in der unteren Schiene bei Mikrowellenleistung 360 Watt mit Umluft 180–200° 17–20 Minuten backen.

Honigbananen

im Bild rechts sehr gut

Zutaten für 4 Personen:
100 g Magerquark
100 g Crème fraîche
3 Eßl. Honig · 1 Eßl. gehackte Mandeln · 4 mittelgroße Bananen · Saft von ½ Zitrone
2 Eßl. Mandelblättchen

Gut vorzubereiten

Pro Person etwa: 1300 kJ/310 kcal
Vorbereitungszeit: 15 Minuten

	Einstellung	Garzeit/ Minuten
Mikrowellen mit Grill	360 Watt starke Stufe	6–8
oder		
Mikrowellen mit Umluftgrill	360 Watt 220–240°	6–8

Den Magerquark mit der Crème fraîche und dem Honig verschlagen. Die Mandeln darunterziehen. • Die Bananen schälen, ganz in eine flache mikrowellengeeignete, hitzebeständige Auflaufform legen und mit dem Zitronensaft beträufeln. Die Creme darauf verteilen und mit den Mandelblättchen bestreuen. • Auf dem Rost in der mittleren Schiene bei Mikrowellenleistung 360 Watt mit starker Grillstufe 6–8 Minuten backen.

Mein Tip: Sie können die Bananen auch in etwa 1 cm dicke Scheiben schneiden und dachziegelartig in eine flache mikrowellengeeignete, hitzebeständige Auflaufform schichten. Die Quarkcreme verfeinern Sie dann, je nach Geschmack, mit 2 Eßlöffeln Bananen- oder Orangenlikör.

Crêpes mit Ananas-Walnußfüllung

Statt Ananas können Sie auch Orangenfilets verwenden

Zutaten für 4 Personen:
Für die Crêpes:
100 ccm Milch
70 g Mehl · 1 Prise Salz
½ Eßl. Orangenlikör
1 Messerspitze abgeriebene
Schale von 1 unbehandelten
Zitrone · 4 Eier
Zum Backen: Butter
Für die Füllung und den Guß:
1 frische Ananas (etwa 850 g)
100 g Walnüsse
1 Päckchen Vanillinzucker
150 g Crème fraîche
50 g Sahne
2 Eßl. Orangenlikör oder
Ananassaft · 1 Eßl. Honig

Anspruchsvoll

Pro Person etwa: 2900 kJ/690 kcal
Vorbereitungszeit: 45 Minuten

	Einstellung	Garzeit/ Minuten
Nur Mikrowellen mit Grill	600 Watt starke Stufe	5–7

Für die Crêpes die Milch mit dem Mehl, dem Salz, dem Orangenlikör, der Zitronenschale und den Eiern kräftig verrühren. • Die Crêpes werden konventionell zubereitet. Dafür etwas Butter in einer kleinen Pfanne von etwa 15 cm Durchmesser schmelzen und mit einer Schöpfkelle Teig einfüllen. Die Pfanne neigen, so daß der Teig den Pfannenboden überzieht. Die Crêpe auf der Unterseite backen, bis sie zu stocken beginnt. Wenden und fertigbacken. So nacheinander 8–10 dünne Crêpes zubereiten. • Für die Füllung die Ananas schälen und in kleine Würfel schneiden, eventuell holzige Teile herausschneiden. • Die Walnüsse hakken und die Hälfte davon zu den Ananasstückchen geben. Den Vanillinzucker hinzufügen und alles vermischen. • Jeweils 1 gehäuften Eßlöffel von der Ananas-Walnußmischung in die Mitte einer Crêpe geben und aufrollen. Die Crêpes nebeneinander in eine mikrowellengeeignete, hitzebeständige Auflaufform legen. • Für den Guß die Crème fraîche mit der Sahne, dem Orangenlikör und dem Honig verschlagen. Die Masse über die Pfannkuchen gießen und mit den restlichen Walnüssen bestreuen. • Auf dem Rost in die mittlere Schiene des Gerätes schieben und bei Mikrowellenleistung 600 Watt mit starker Grillstufe 5–7 Minuten überbacken.

Mein Tip: Dieses Dessert können Sie sehr gut vorbereiten. Die Crêpes backen und füllen, dann in die Form schichten, den Guß vorbereiten und alles beiseite stellen. Erst wenn Sie das Dessert überbacken möchten, gießen Sie dann den Guß über die Crêpes. Gut passen dazu noch je eine Kugel Kokos- und Vanilleeis. Eventuell noch mit Kokosraspel bestreuen. Wenn Sie Gäste haben, können Sie die Crêpes vor Ihren Gästen flambieren. Dafür die überbackenen Crêpes mit einem Päckchen Vanillinzucker bestreuen, mit 4 Eßlöffeln Cognac begießen, anzünden, flambieren und ausbrennen lassen. Dazu können Sie einen Mokka oder Cappuccino reichen.

Variante: Statt mit Ananas können sie die Crêpes auch mit Äpfeln füllen. Dafür 4 Äpfel schälen, vierteln und das Kerngehäuse entfernen. Die Viertel in kleine Stückchen schneiden und mit den Zutaten für die Füllung mischen. Die Walnüsse können Sie durch die gleiche Menge gehobelte Haselnüsse ersetzen und statt Orangenlikör geben Sie Orangensaft dazu.

Mangoauflauf

Schmeckt auch mit Pfirsichen oder Aprikosen

Zutaten für 4 Personen:
1 vollreife Mango (etwa 600 g)
3 Eßl. gemahlener Mohn
4 Eßl. Milch · 2 Eiweiß
70 g Zucker · 100 g Sahne
½ Päckchen Vanillinzucker
50 g Butter · 2 Eigelb
2 Eßl. Orangenlikör oder Orangensaft
250 g Magerquark
100 g Crème fraîche
3 Eßl. Mandelblättchen

Anspruchsvoll

Pro Person etwa: 2600 kJ/620 kcal
Vorbereitungszeit: 20 Minuten

	Einstellung	Garzeit/ Minuten
Nur Mikrowellen	600 Watt	1–2
Mikrowellen mit Ober- und Unterhitze	360 Watt 200–220°	18–22
oder		
Mikrowellen mit Umluft	360 Watt 180–200°	18–22
Gesamtgarzeit		19–24

Die Mango schälen, das Fruchtfleisch in dünnen Spalten vom Kern schneiden. • Etwa 1 Eßlöffel Mohn beiseite stellen. Den Rest mit der Milch in einem mikrowellengeeigneten Gefäß offen bei Mikrowellenleistung 600 Watt 1–2 Minuten quellen lassen. • Die Eiweiße mit 1 Eßlöffel Zucker, die Sahne mit dem Vanillinzucker steif schlagen und kühl stellen. • Den restlichen Zucker mit der Butter schaumig rühren, die Eigelbe und den Likör nach und nach untermischen. Den Quark, die Crème fraîche und den gequollenen Mohn damit verrühren. Den Eischnee und die Sahne unterziehen. • Die Hälfte davon in eine mikrowellengeeignete, hitzebeständige Form füllen, die Mangospalten schuppenförmig darauf legen und mit der restlichen Creme bedecken. Mit dem beiseitegestellten Mohn und den Mandelblättchen bestreuen. • Auf dem Rost in der unteren Schiene bei Mikrowellenleistung 360 Watt mit Ober- und Unterhitze 200–220° 18–22 Minuten backen.

Quark-Obstaufläufe

Sie runden ein leichtes Hauptgericht gut ab

Birnenauflauf

im Bild links

Zutaten für 4 Personen:
100 g Rosinen
5 Eßl. Birnengeist oder Birnensaft
4 mittelgroße, vollreife Birnen
Saft von 1 Zitrone
100 g gehackte Sonnenblumenkerne · 4 Eiweiß
100 g Butter · 80 g Zucker
4 Eigelb · Schale von ½ unbehandelten Zitrone
500 g Quark · 1 Päckchen Puddingpulver (Sahnegeschmack)
2 Eßl. Sonnenblumenkerne
2 Eßl. Kürbiskerne

Gelingt leicht

Pro Person etwa: 3600 kJ/860 kcal
Vorbereitungszeit: 30 Minuten

	Einstellung	Garzeit/ Minuten
Nur Mikrowellen	600 Watt	14–18

Die Rosinen mit dem Birnengeist mischen und quellen lassen. • Die Birnen schälen, halbieren und vom Kerngehäuse befreien. Die Birnen sternförmig (das Stielende soll zur Mitte zeigen) in eine mikrowellengeeignete Auflaufform legen und mit dem Zitronensaft beträufeln. • Die Sonnenblumenkerne mit den Rosinen mischen und die Birnen damit füllen. • Die Eiweiße steif schlagen und kühl stellen. • Die Butter mit dem Zucker schaumig schlagen. Die Eigelbe, die Zitronenschale, den Quark und das Puddingpulver nach und nach untermischen. Den Eischnee unter die Creme ziehen und die Masse auf den Birnenhälften verteilen. • Offen bei Mikrowellenleistung 600 Watt 14–18 Minuten garen. Mit den Sonnenblumen- und Kürbiskernen bestreut servieren.

Kirschauflauf

im Bild rechts

Zutaten für 4 Personen:
500 g Kirschen · 3 Eiweiß
80 g Butter · 2 Eßl. Honig
3 Eigelb · 500 g Magerquark
80 g Grieß · Schale von
1 unbehandelten Zitrone
80 g gemahlene Mandeln
Zimtpulver
2 Eßl. Mandelblättchen

Preiswert

Pro Person etwa: 2600 kJ/620 kcal
Vorbereitungszeit: 30 Minuten

	Einstellung	Garzeit/ Minuten
Nur Mikrowellen	600 Watt	½
Mikrowellen mit Ober- und Unterhitze	360 Watt 200–220°	20–25
oder		
Mikrowellen mit Umluft	360 Watt 180–200°	20–25
Gesamtgarzeit		20½–25½

Die Kirschen waschen und entsteinen. • Die Eiweiße steif schlagen und kühl stellen. • Die Butter in einer mikrowellengeeigneten Rührschüssel bei Mikrowellenleistung 600 Watt in ½ Minute geschmeidig werden lassen. Mit dem Honig schaumig rühren. Die Eigelbe, den Quark, den Grieß, die Zitronenschale, die Mandeln und Zimt nach und nach untermischen. • Erst die Kirschen, dann den Eischnee vorsichtig unter die Creme ziehen und in eine mikrowellengeeignete, hitzebeständige Auflaufform füllen. Die Mandelblättchen darüber streuen. • Auf dem Rost in der unteren Schiene bei Mikrowellenleistung 360 Watt mit Ober- und Unterhitze 200–220° 20–25 Minuten backen, bis der Auflauf goldgelb ist.

Aufläufe mit frischen Beeren

Schmecken auch mit tiefgefrorenen Beeren

Johannisbeer-Auflauf

im Bild vorne

Zutaten für 4 Personen:
375 g rote Johannisbeeren
50 g Butter · 70 g Zucker
1 Päckchen Vanillinzucker · 1 Ei
50 g Mehl · 3 Eßl. Cassislikör oder Johannisbeersaft
Puderzucker zum Bestäuben
1 Eßl. gehackte Pistazien

Gelingt leicht

Pro Person etwa: 1200 kJ/290 kcal
Vorbereitungszeit: 20 Minuten

	Einstellung	Garzeit/ Minuten
Nur Mikrowellen	600 Watt	½
Mikrowellen mit Umluft	180 Watt 200–220°	20–25
oder		
Mikrowellen mit Ober- und Unterhitze	180 Watt 220–240°	20–25
Gesamtgarzeit		20½–25½

Die Johannisbeeren waschen. Zwei Rispen für die Verzierung beiseite legen, die restlichen Beeren von den Rispen streifen und in einem Sieb abtropfen lassen. • Die Butter in einer mikrowellengeeigneten Rührschüssel bei Mikrowellenleistung 600 Watt in ½ Minute geschmeidig werden lassen. Mit dem Zucker und dem Vanillinzucker schaumig schlagen. Das Ei und das Mehl nach und nach untermischen. • Die Johannisbeeren in eine flache mikrowellengeeignete, hitzebeständige Auflaufform geben. Den Cassislikör oder den Johannisbeersaft über die Früchte gießen. Den Teig darauf verteilen. • Auf dem Rost in der unteren Schiene bei Mikrowellenleistung 180 Watt mit Umluft 200–220° 20–25 Minuten backen. • Mit Puderzucker bestäuben. Die Pistazien darüber streuen und den Auflauf mit den Johannisbeerrispen verzieren.

Erdbeerauflauf gut

im Bild hinten

Zutaten für 4 Personen:
500 g Erdbeeren · 75 g Zucker
2 Eigelb · 50 g Mehl
50 g Speisestärke · 125 g Crème fraîche · Schale und Saft von ½ unbehandelten Zitrone
3 Eiweiß

Gelingt leicht

Pro Person etwa: 1500 kJ/360 kcal
Vorbereitungszeit: 20 Minuten

	Einstellung	Garzeit/ Minuten
Mikrowellen mit Ober- und Unterhitze	180 Watt 200–220°	20–25
oder		
Mikrowellen mit Umluft	180 Watt 180–200°	20–25

Die Erdbeeren waschen, putzen und in einem Sieb abtropfen lassen. • Den Zucker mit den Eigelben schaumig schlagen. Das Mehl mit der Speisestärke mischen und mit der Crème fraîche, der Zitronenschale und dem Zitronensaft unter die Schaummasse ziehen. • Die Eiweiße steif schlagen und unterheben. • Die Erdbeeren vorsichtig unter die Creme ziehen. Die Masse in eine flache mikrowellengeeignete, hitzebeständige Auflaufform geben, glattstreichen und auf dem Rost in der unteren Schiene bei Mikrowellenleistung 180 Watt mit Ober- und Unterhitze 200–220° 20–25 Minuten backen.

Mein Tip: Wenn Sie tiefgefrorene Erdbeeren verwenden, sollten Sie diese in einem mikrowellengeeigneten Gefäß bei Mikrowellenleistung 180 Watt 8–10 Minuten auftauen. Dann in einem Sieb abtropfen lassen.

Feine Apfelgratins

Köstlich mit Orangen oder Marzipan

Apfel-Nußgratin

im Bild links

Zutaten für 4 Personen:
100 g Marzipan-Rohmasse
200 g saure Sahne
100 g gemahlene Haselnüsse
1 Päckchen Vanillinzucker
4 mittelgroße Äpfel · Saft von
1 Zitrone · 2 Eßl. gehobelte
Haselnüsse

Preiswert

Pro Person etwa: 1900 kJ/450 kcal
Vorbereitungszeit: 15 Minuten

	Einstellung	Garzeit/Minuten
Mikrowellen mit Grill	600 Watt starke Stufe	7–9
oder		
Mikrowellen mit Umluftgrill	600 Watt 220–240°	7–9

Die Marzipan-Rohmasse klein würfeln und mit der sauren Sahne, den Haselnüssen und dem Vanillinzucker verschlagen. • Die Äpfel schälen, vierteln, vom Kerngehäuse befreien und in Spalten schneiden. Die Spalten dachziegelartig in eine flache mikrowellengeeignete, hitzebeständige Auflaufform einschichten und mit dem Zitronensaft beträufeln. Die Marzipancreme darüber streichen und mit den gehobelten Haselnüssen bestreuen. • Auf dem Rost in der mittleren Schiene bei Mikrowellenleistung 600 Watt mit starker Grillstufe 7–9 Minuten gratinieren.

Mein Tip: Je nach Geschmack können Sie 2 Eßlöffel Rosinen in 3 Eßlöffeln Cognac, Rum oder Saft quellen lassen und diese dann auf den Apfelspalten verteilen. Sehr gut schmecken die Apfelgratins auch, wenn Sie die Creme mit Zimt abschmecken.

Orangen-Apfelgratin

im Bild rechts

Zutaten für 3 Personen:
2 mittelgroße süße Orangen
2 mittelgroße Äpfel
1 Päckchen Vanillinzucker
2 Eigelb · 40 g Zucker
100 g Mascarpone · Schale von
½ unbehandelten Orange
2 Eßl. Orangenlikör oder
Calvados (ersatzweise
Apfelsaft)
1 Eßl. Speisestärke · 2 Eiweiß
50 g Walnüsse

Gelingt leicht

Pro Person etwa: 1500 kJ/360 kcal
Vorbereitungszeit: 25 Minuten

	Einstellung	Garzeit/Minuten
Nur Mikrowellen	600 Watt	1–2
Mikrowellen mit Grill	360 Watt starke Stufe	5–7
Gesamtgarzeit		6–9

Die Orangen schälen und filetieren. Die Äpfel schälen, vierteln, vom Kerngehäuse befreien und in Spalten schneiden. Beides schuppenförmig in eine mikrowellengeeignete, hitzebeständige Form legen und mit dem Vanillinzucker bestreuen. • Die Eigelbe mit dem Zucker in einer mikrowellengeeigneten Rührschüssel schaumig rühren, nach und nach den Mascarpone, die Orangenschale, den Likör und die Speisestärke unterrühren. Bei Mikrowellenleistung 600 Watt 1–2 Minuten eindicken lassen. Zwischendurch umrühren; die Masse darf nicht kochen! Dann abkühlen lassen. • Die Eiweiße mit dem Zucker steif schlagen und vorsichtig unter die Creme rühren. • Die Creme über die Früchte gießen, mit den Walnüssen belegen und auf dem Rost in der mittleren Schiene bei Mikrowellenleistung 360 Watt mit starker Grillstufe 5–7 Minuten gratinieren.

Überbackene Beeren

Sehr feines Dessert, das Sie auch in kleinen Förmchen zubereiten können

Zutaten für 6 Personen:
150 g Himbeeren
150 g Erdbeeren
150 g Brombeeren
250 g Sahne · 50 g Zucker
3 Eigelb · Schale von
1 unbehandelten Zitrone
40 g Stärkemehl
4 Eßl. Himbeergeist oder
Johannisbeersaft
100 g weiße Kuvertüre
3 Eßl. gehackte Pistazien
3 Eiweiß · Puderzucker zum
Bestäuben

Anspruchsvoll

Pro Person etwa: 1200 kJ/290 kcal
Vorbereitungszeit: 25 Minuten

	Einstellung	Garzeit/ Minuten
Nur Mikrowellen	600 Watt	3– 4
Nur Mikrowellen	360 Watt	3– 4
Mikrowellen mit Grill	360 Watt starke Stufe	5– 7
Gesamtgarzeit		11–15

Die Beeren waschen und in einem Sieb abtropfen lassen. Dann in einer flachen mikrowellengeeigneten, hitzebeständigen Auflaufform verteilen. • Die Sahne mit der Hälfte des Zuckers in einer mikrowellengeeigneten Rührschüssel steif schlagen. Nach und nach die Eigelbe, die Zitronenschale, das Stärkemehl und den Himbeergeist unterrühren. Bei Mikrowellenleistung 600 Watt 3–4 Minuten erwärmen. Wichtig: Nach jeder Minute kräftig aufschlagen; die Creme darf nicht kochen! • Die heiße Creme unter Rühren etwas abkühlen lassen. • Die Kuvertüre in einem mikrowellengeeigneten Gefäß bei Mikrowellenleistung 360 Watt in 3–4 Minuten schmelzen. Die Kuvertüre mit 2 Eßlöffeln Pistazien unter die Creme rühren. • Die Eiweiße mit dem restlichen Zucker steif schlagen und unterheben. • Die Sahnecreme über die Früchte gießen. Auf dem Rost in der mittleren Schiene bei Mikrowellenleistung 360 Watt mit starker Grillstufe 5–7 Minuten überbacken. Mit Puderzucker und den restlichen Pistazien bestreuen.

Grießauflauf mit Orangen

Mit Orangenlikör besonders fein

Zutaten für 6 Personen:
1 l Milch · 1 Stange Zimt
1 Prise Salz · 130 g Grieß
50 g Butter · 100 g Zucker
3 Eigelb · 75 g gehackte
Haselnüsse · 75 g gehackte
Mandeln · Schale und Saft von
1 unbehandelten Orange
6 Eßl. Orangenlikör oder
Orangensaft
2 große Orangen · 3 Eiweiß

Anspruchsvoll

Pro Person etwa: 2300 kJ/550 kcal
Vorbereitungszeit: 30 Minuten

	Einstellung	Garzeit/ Minuten
Nur Mikrowellen	600 Watt	8–10
Nur Mikrowellen	180 Watt	8–10
Mikrowellen mit Umluft	360 Watt 180–200°	18–22
oder		
Mikrowellen mit Ober- und Unterhitze	360 Watt 200–220°	18–22
Gesamtgarzeit		34–42

Die Milch, die Zimtstange und das Salz mit dem Grieß in eine große mikrowellengeeignete, hitzebeständige Auflaufform geben. Bei Mikrowellenleistung 600 Watt 8–10 Minuten aufkochen, umrühren und bei Mikrowellenleistung 180 Watt 8–10 Minuten quellen lassen. • Dann noch einmal umrühren und die Masse etwas abkühlen lassen. Die Zimtstange herausnehmen. • Die Butter mit dem Zucker schaumig rühren. Nach und nach die Eigelbe, die Haselnüsse, die Mandeln, die Orangenschale, den Orangensaft und den Orangenlikör untermischen. • Die Orangen schälen, filetieren und die Filets in Würfel schneiden. Die Orangenwürfel und die Creme unter die Grießmasse ziehen. • Die Eiweiße steif schlagen und vorsichtig unterheben. Den Rand der Auflaufform feucht abwischen. • Auf dem Rost in der unteren Schiene bei Mikrowellenleistung 360 Watt mit Umluft 180–200° 18–22 Minuten backen.

Grießaufläufe mit Obst

Marzipan oder Mohn sorgen für das besondere Aroma

Grießauflauf mit Kirschen

im Bild hinten

Zutaten für 4 Personen:
365 g Kirschen aus dem Glas
¾ l Milch · Schale von
½ unbehandelten Zitrone
80 g Grieß · 40 g Zucker
150 g Marzipan-Rohmasse

Gelingt leicht

Pro Person etwa: 2000 kJ/480 kcal
Vorbereitungszeit: 25 Minuten

	Einstellung	Garzeit/ Minuten
Nur Mikrowellen	600 Watt	6– 8
Nur Mikrowellen	180 Watt	6– 8
Mikrowellen mit Umluft	360 Watt 180–200°	18–22
oder		
Mikrowellen mit Ober- und Unterhitze	360 Watt 200–220°	18–22
Gesamtgarzeit		30–38

Die Kirschen in einem Sieb abtropfen lassen. • Die Milch mit der Zitronenschale, dem Grieß und dem Zucker in eine große mikrowellengeeignete, hitzebeständige Auflaufform geben. Bei Mikrowellenleistung 600 Watt 6–8 Minuten aufkochen, umrühren und bei Mikrowellenleistung 180 Watt 6–8 Minuten quellen lassen. • Die Marzipan-Rohmasse fein würfeln, mit dem Grieß verrühren und etwas abkühlen lassen. • Die Kirschen unter den Grieß heben. • Auf dem Rost in der unteren Schiene bei Mikrowellenleistung 360 Watt mit Umluft 180–200° 18–22 Minuten backen.

Mein Tip: Dieser Auflauf schmeckt besonders gut mit frischen Süßkirschen oder Zwetschgen. Dafür dann jeweils 500 g Früchte entsteinen und unter den Grieß heben.

Grießauflauf mit Birnen

im Bild vorne sehr gut

Zutaten für 4–6 Personen:
850 g Williamsbirnen aus der
Dose · ½ l Milch · 60 g Butter
Mark von ½ Vanilleschote
200 g Weizengrieß
80 g Mohn · ⅛ l Milch
4 Eiweiß · 4 Eigelb
100 g Zucker · 100 g Sahne

22/1/95

Preiswert

Bei 6 Personen pro Person etwa: 2500 kJ/600 kcal
Vorbereitungszeit: 45 Minuten

	Einstellung	Garzeit/ Minuten
Nur Mikrowellen	600 Watt	4– 5
Nur Mikrowellen	180 Watt	4– 5
Nur Mikrowellen	360 Watt	4– 5
Mikrowellen mit Umluft	360 Watt 180–200°	18–22
oder		
Mikrowellen mit Ober- und Unterhitze	360 Watt 200–220°	18–22
Gesamtgarzeit		30–37

Die Birnen in einem Sieb abtropfen lassen. • Die Milch, die Butter, das Vanillemark und den Grieß in einer großen mikrowellengeeigneten, hitzebeständigen Form bei Mikrowellenleistung 600 Watt 4–5 Minuten aufkochen, umrühren und bei 180 Watt 4–5 Minuten quellen lassen. Den Grieß umrühren und etwas abkühlen lassen. • Den Mohn mit der Milch in ein mikrowellengeeignetes Gefäß geben. Bei Mikrowellenleistung 360 Watt 4–5 Minuten quellen lassen. • Die Eiweiße steif schlagen und kühl stellen. • Die Eigelbe mit dem Zucker schaumig rühren, den Mohn und die Sahne untermischen. Die Creme und den Eischnee unter den Grieß ziehen, die Masse glattstreichen und die Birnen darauf verteilen. Den Rand der Form abwischen. • Auf dem Rost in der unteren Schiene bei Mikrowellenleistung 360 Watt mit Umluft 180–200° 18–22 Minuten backen.

Weinschaum-Fruchtauflauf

Mit Vanilleeis ein edles Dessert

Zutaten für 6 Personen:
450 g Aprikosen
300 g Himbeeren
100 g Löffelbiskuits
4 Eßl. Himbeergeist oder Aprikosensaft
4 Eiweiß · 150 g Zucker
4 Eigelb · 1 Päckchen Vanillinzucker · 1 gehäufter Teel. Speisestärke · Schale und Saft von ½ unbehandelten Zitrone · ¼ l trockener Weißwein · Puderzucker

Anspruchsvoll

Pro Person etwa: 1400 kJ/330 kcal
Vorbereitungszeit: 30 Minuten

	Einstellung	Garzeit/ Minuten
Nur Mikrowellen	600 Watt	3–4½
Mikrowellen mit Umluft	180 Watt 190–210°	15–20
oder		
Mikrowellen mit Ober- und Unterhitze	180 Watt 210–230°	15–20
Gesamtgarzeit		18–24½

Die Aprikosen mit kochendem Wasser überbrühen und häuten. Die Früchte halbieren, vom Stein befreien und beiseite stellen. • Die Himbeeren waschen, verlesen und abtropfen lassen. • Die Löffelbiskuits auf dem Boden einer flachen mikrowellengeeigneten, hitzebeständigen Auflaufform verteilen. • Von den Himbeeren 2 Eßlöffel abnehmen und beiseite stellen. Die restlichen Himbeeren mit den Aprikosenhälften abwechselnd in Reihen auf dem Gebäck anordnen. • Den Himbeergeist oder den Aprikosensaft über die Früchte träufeln. • Für die Weinschaumsauce die Eiweiße mit 2 Eßlöffeln Zucker steif schlagen und kühl stellen. • Die Eigelbe mit dem restlichen Zukker und dem Vanillinzucker in einer mikrowellengeeigneten Rührschüssel schaumig schlagen. Die Speisestärke, die Zitronenschale und den Zitronensaft mit dem Wein zur Creme geben und alles kräftig verrühren. Die Sauce bei Mikrowellenleistung 600 Watt 3–4½ Minuten erhitzen. Die Creme jeweils nach 1 Minute kräftig mit dem Schneebesen oder dem Handrührgerät aufschlagen, bis sie dicklich wird. Sie darf nicht kochen! • Die Weinschaumsauce dann noch einige Zeit rühren, bis sie etwas abgekühlt ist. Den Eischnee unterheben. Die Weinschaumsauce gleichmäßig auf den Früchten verteilen. • Den Fruchtauflauf auf dem Rost in die untere Schiene des Gerätes schieben. Offen bei Mikrowellenleistung 180 Watt mit Umluft 190–210° 15–20 Minuten backen, bis die Oberfläche leicht gebräunt ist.
Den Auflauf mit Puderzucker bestäuben, mit den restlichen Himbeeren verzieren und heiß servieren.

Variante: Den Auflauf können Sie auch mit anderen Früchten wie beispielsweise Erdbeeren, Pfirsichen, Kirschen oder einer Mischung aus roten und schwarzen Johannisbeeren und Himbeeren zubereiten. Dafür 400–500 g Früchte vorbereiten. Den Auflauf wie oben beschrieben zubereiten.

Mein Tip: Sie können unter die Weinschaumsauce auch noch 50 g gemahlene Hasel- oder Walnüsse ziehen.
Besonders gut schmeckt der warme Früchteauflauf mit einer Kugel Vanilleeis oder, je nachdem wie Sie die Creme zubereiten, mit Haselnuß- oder Walnußeis.

Soufflés mit Haselnüssen

Für Feste und Gäste

Haselnuß-Soufflé

im Bild links

Zutaten für 6 Personen:
250 g Erdbeeren
150 g Haselnüsse · 40 g Butter
50 g Marzipan-Rohmasse
125 g Sahne · Schale von
½ unbehandelten Zitrone
3 Eigelb · 3 Eiweiß
40 g Zucker

Anspruchsvoll

Pro Person etwa: 1700 kJ/400 kcal
Vorbereitungszeit: 35 Minuten

	Einstellung	Garzeit/ Minuten
Nur Mikrowellen	600 Watt	1
Nur Mikrowellen	600 Watt	2– 3
Mikrowellen mit Grill	360 Watt mittlere Stufe	8–10
Gesamtgarzeit		11–14

Die Erdbeeren waschen, putzen und abtropfen lassen. • Die Nüsse fein malen. • Die Butter in einer mikrowellengeeigneten Rührschüssel bei Mikrowellenleistung 600 Watt in 1 Minute schmelzen. • 6 Souffléförmchen (⅛ l Inhalt) mit etwas Butter auspinseln und mit etwas gemahlenen Haselnüssen ausstreuen. • Die Marzipan-Rohmasse fein würfeln, mit der restlichen Butter in der Rührschüssel verschlagen, die Sahne, die Zitronenschale und die restlichen Haselnüsse unterrühren. Bei Mikrowellenleistung 600 Watt 2–3 Minuten aufkochen, verrühren und etwas auskühlen lassen. Die Eigelbe untermischen. • Die Erdbeeren in Scheiben schneiden und auf den Böden der Förmchen verteilen. • Die Eiweiße mit dem Zucker steif schlagen, unter die Marzipan-Nußmasse heben und die Förmchen damit füllen. • Auf dem Rost in der unteren Schiene bei Mikrowellenleistung 360 Watt mit mittlerer Grillstufe 8–10 Minuten backen.

Schokoladen-Soufflé

im Bild rechts

Zutaten für 6 Personen:
50 g Haselnüsse · 30 g Butter
¼ l Milch · 40 g Zucker
Mark von ½ Vanilleschote
75 g Halbbitterkuvertüre
3 Eigelb · 4 Eiweiß
1 Messerspitze Backpulver

Anspruchsvoll

Pro Person etwa: 1100 kJ/260 kcal
Vorbereitungszeit: 35 Minuten

	Einstellung	Garzeit/ Minuten
Nur Mikrowellen	600 Watt	1
Nur Mikrowellen	600 Watt	2– 3
Nur Mikrowellen	360 Watt	2– 3
Mikrowellen mit Grill	360 Watt mittlere Stufe	7– 9
Gesamtgarzeit		12–16

Die Haselnüsse fein mahlen. • Die Butter in einer mikrowellengeeigneten Rührschüssel bei Mikrowellenleistung 600 Watt in 1 Minute schmelzen. • 6 Souffléförmchen (⅛ l Inhalt) mit etwas Butter auspinseln und mit etwas gemahlenen Haselnüssen ausstreuen. • Die restliche Butter mit der Milch, dem Zucker, dem Vanillemark und den restlichen Haselnüssen verschlagen. Bei Mikrowellenleistung 600 Watt 2–3 Minuten aufkochen, verrühren und auskühlen lassen. • Die Kuvertüre in einem mikrowellengeeigneten Gefäß bei Mikrowellenleistung 360 Watt in 2–3 Minuten schmelzen und mit den Eigelben unter die Masse rühren. • Die Eiweiße mit dem Backpulver steif schlagen und sorgfältig mit der Vanillemasse vermischen. Die Förmchen damit füllen und auf dem Rost in der unteren Schiene bei Mikrowellenleistung 360 Watt mit mittlerer Grillstufe 7–9 Minuten backen.

Vollwertaufläufe mit Hirse oder Buchweizen

Schmecken ausgezeichnet nach einer kräftigen Suppe oder einem Eintopf

Hirseauflauf

im Bild vorne

Zutaten für 4 Personen:
225 g Hirse · 1 l Milch · Mark von 1 Vanilleschote · Vollmeersalz
150 g getrocknete ungeschwefelte Aprikosen
150 g entsteinte ungeschwefelte Backpflaumen
50 g Butter · 5 Eßl. Honig
3 Eigelb · 2 Eßl. Crème fraîche
Schale und Saft von 1 unbehandelten Orange
80 g gehackte Haselnüsse
3 Eiweiß

Vollwertrezept

Pro Person etwa: 6000 kJ/1400 kcal
Vorbereitungszeit: 35 Minuten

	Ein-stellung	Garzeit/ Minuten
Nur Mikrowellen	600 Watt	10
Nur Mikrowellen	180 Watt	8–10
Nur Mikrowellen	360 Watt	17–22
Gesamtgarzeit		35–42

Die Hirse, die Milch, das Vanillemark und Salz in einer großen mikrowellengeeigneten Auflaufform verrühren. Bei Mikrowellenleistung 600 Watt 10 Minuten aufkochen, umrühren und bei 180 Watt 8–10 Minuten quellen lassen; nochmals umrühren. • Die Aprikosen und die Backpflaumen klein würfeln und unter den heißen Hirsebrei mischen. Dann etwas abkühlen lassen. • Die Butter und den Honig schaumig rühren, die Eigelbe, die Crème fraîche, die Orangenschale, den Orangensaft und 50 g Haselnüsse nach und nach untermischen. • Diese Creme unter die Hirse ziehen. • Die Eiweiße steif schlagen und unterheben. Den Rand der Form feucht abwischen. • Bei Mikrowellenleistung 360 Watt 17–22 Minuten garen. Mit den restlichen Haselnüssen bestreut servieren.

Buchweizenauflauf

im Bild hinten

Zutaten für 4 Personen:
200 g Buchweizen · ³⁄₈ l Wasser
2 große Äpfel · 2 große Birnen
2 große Bananen · Saft von 1 Zitrone · 100 g gemahlene Mandeln · 1 Eßl. Honig
Zimtpulver · 80 g Rosinen
5 Eßl. Milch
2 Eßl. Mandelblättchen

Gut vorzubereiten

Pro Person etwa: 2400 kJ/570 kcal
Vorbereitungszeit: 25 Minuten

	Ein-stellung	Garzeit/ Minuten
Nur Mikrowellen	600 Watt	8–10
Mikrowellen mit Grill	600 Watt starke Stufe	5– 7
Gesamtgarzeit		13–17

Den Buchweizen mit dem Wasser in ein mikrowellengeeignetes Gefäß mit Deckel geben. Zugedeckt bei Mikrowellenleistung 600 Watt 8–10 Minuten quellen lassen. • Die Äpfel und die Birnen schälen, vierteln, vom Kerngehäuse befreien und in kleine Würfel schneiden. Die Banane schälen und in Scheiben schneiden. Das Obst mischen und mit dem Zitronensaft übergießen. • Den Buchweizen mit den Mandeln, dem Honig und dem Zimt mischen. Die Hälfte in eine mikrowellengeeignete, hitzebeständige Auflaufform geben. Die Rosinen darüber streuen. Das Obst darauf verteilen. • Den restlichen Buchweizen mit der Milch verrühren, auf das Obst geben und mit den Mandelblättchen bestreuen. • Auf dem Rost in der mittleren Schiene bei Mikrowellenleistung 600 Watt mit starker Grillstufe 5–7 Minuten überbacken.

Haferflockenauflauf

Mit Kirschen besonders saftig

Zutaten für 4 Personen:
750 g frische Süßkirschen
40 g Butter · 200 g kernige Haferflocken · 2 Eßl. Leinsamen
125 g Sahne · ⅛ l Milch
2 Eier · 3 Eßl. Honig
50 g frisch gemahlene Mandeln
2 Eßl. Mandelblättchen

Vollwertrezept

Pro Person etwa: 2800 kJ/670 kcal
Vorbereitungszeit: 30 Minuten

	Einstellung	Garzeit/ Minuten
Nur Mikrowellen mit Grill	600 Watt mittlere Stufe	8–10
oder		
Mikrowellen mit Umluftgrill	600 Watt 220–240°	

Die Kirschen waschen und entsteinen. • Die Butter in einem Topf auf der Herdplatte schmelzen. Unter Rühren die Haferflocken darin anrösten. Die Leinsamen daruntermischen und die Hälfte auf dem Boden einer mikrowellengeeigneten, hitzebeständigen Auflaufform verteilen. Die Kirschen darüber streuen und mit den restlichen Haferflocken bedekken. • Die Sahne, die Milch, die Eier, den Honig und die Mandeln verschlagen und über die Haferflocken gießen, die Mandelblättchen darüber streuen. • Auf dem Rost in der unteren Schiene bei Mikrowellenleistung 600 Watt mit mittlerer Grillstufe 8–10 Minuten überbacken.

Mein Tip: Sie können den Auflauf warm oder kalt mit Vanillesauce oder steif geschlagener Sahne servieren.
Anstelle von Kirschen können Sie auch die gleiche Menge gedünstete Stachelbeeren verwenden.
Als Vorspeise paßt sehr gut eine Gemüsesuppe oder ein frischer Salat.

Mandelauflauf

Dazu paßt Apfelkompott

Zutaten für 2 Personen:
50 g Rosinen · 2 Eigelb
50 g Zucker · 1 Päckchen Vanillinzucker · 125 g Sahne
¼ l Buttermilch · 4 Tropfen Bittermandelöl · 75 g Mehl
1 Teel. Backpulver
1 Päckchen Puddingpulver Mandelgeschmack
50 g gehackte Mandeln
2 Eiweiß

Preiswert

Pro Person etwa: 3300 kJ/790 kcal
Vorbereitungszeit: 15 Minuten

	Einstellung	Garzeit/ Minuten
Nur Mikrowellen mit Ober- und Unterhitze	360 Watt 200–220°	15–20
oder		
Mikrowellen mit Umluft	360 Watt 180–200°	

Die Rosinen waschen und abtropfen lassen. • Die Eigelbe mit dem Zucker und dem Vanillinzucker schaumig schlagen. Die Sahne, die Buttermilch und das Bittermandelöl unterrühren. • Das Mehl mit dem Backpulver und dem Puddingpulver mischen und unter die Creme rühren. Die Rosinen und die Mandeln unterziehen. Die Eiweiße steif schlagen und unterheben. • Die Masse in eine kleine, flache mikrowellengeeignete, hitzebeständige Auflaufform geben. Auf dem Rost in der unteren Schiene bei Mikrowellenleistung 360 Watt mit Ober- und Unterhitze 200–220° 15–20 Minuten backen.

Mein Tip: Für das Apfelkompott 2 Äpfel schälen, vierteln, entkernen und in kleine Stücke schneiden. Mit 5 Eßlöffeln Weißwein, 2–3 Eßlöffeln Zucker, 1 Eßlöffel Zitronensaft, 1 Päckchen Vanillinzucker und Zimt in einem mikrowellengeeigneten Gefäß bei Mikrowellenleistung 600 Watt 5–7 Minuten garen.

Wichtige Tabellen

Der Unterschied in den Auftau-, Erwärm- und Garzeiten zu Geräten mit 650 und 720 Watt ist so gering, daß er nicht berücksichtigt werden muß. Im Zweifelsfall gilt: stets eine etwas kürzere Zeit als angegeben wählen und die Speisen eventuell nachgaren.

Umrechnungstabelle für die verschiedenen Geräte

500 Watt	600 Watt	700 Watt
¾ Minute	½ Minute	½ Minute
1¼ Minuten	1 Minuten	1 Minuten
1¾ Minuten	1½ Minuten	1¼ Minuten
2½ Minuten	2 Minuten	1¾ Minuten
2¾ Minuten	2¼ Minuten	2 Minuten
3 Minuten	2½ Minuten	2 Minuten
3½ Minuten	3 Minuten	2½ Minuten
4½ Minuten	4 Minuten	3½ Minuten
5½ Minuten	5 Minuten	4¼ Minuten
6½ Minuten	6 Minuten	5 Minuten
8 Minuten	7 Minuten	6 Minuten
9 Minuten	8 Minuten	7 Minuten
10½ Minuten	9 Minuten	7½ Minuten
11½ Minuten	10 Minuten	8½ Minuten
12½ Minuten	11 Minuten	9½ Minuten
13½ Minuten	12 Minuten	10 Minuten
15 Minuten	13 Minuten	11 Minuten
16 Minuten	14 Minuten	12 Minuten
17 Minuten	15 Minuten	13 Minuten
23 Minuten	20 Minuten	17 Minuten
28 Minuten	25 Minuten	21 Minuten
34 Minuten	30 Minuten	26 Minuten
39 Minuten	35 Minuten	30 Minuten
45 Minuten	40 Minuten	34 Minuten
56 Minuten	50 Minuten	43 Minuten

Gemüse vorgaren mit Mikrowellen

Für die Zubereitung von Aufläufen ist es wichtig, daß alle Zutaten die gleiche Garzeit haben. Deshalb muß beispielsweise Gemüse vorgegart werden. Die Angaben in der Tabelle beziehen sich auf eine Mikrowellenleistung von 500–700 Watt. Das Gemüse ist dann »al dente« und kann wie in den Rezepten beschrieben weitergegart werden. Das Gemüse wird immer zugedeckt vorgegart.

Lebensmittel	Gewicht	Zeit/Minuten	Anmerkung
Auberginen	250 g	4– 6	Mit Zitronensaft beträufeln und mit 4 Eßlöffeln Wasser garen.
Blumenkohl Broccoli	500 g 500 g	5– 7 3– 5	In Röschen zerteilt (Röschen nach innen, Stengel nach außen ins Gefäß legen). Mit 4 Eßlöffeln Wasser und feuchtem Pergamentpapier abgedeckt garen.
Chicorée	750 g	4– 6	Chicoréespitzen nach innen ins Gefäß legen. Mit 4 Eßlöffeln Wasser und feuchtem Pergamentpapier abgedeckt garen.
Gemüsezwiebeln	1000 g	7– 9	Zugedeckt dünsten.
Kartoffeln Kartoffeln	250 g 500 g	5– 7 8–10	Geschält und mit 2–4 Eßlöffeln Wasser, mit feuchtem Pergamentpapier abgedeckt garen.
Kohlrabi Lauch Möhren	500 g 500 g 500 g	8½–11½ 4– 6 6– 8	Das Gemüse zerkleinern, je nach Rezept (in Scheiben, Ringen oder geraspelt) mit 4 Eßlöffeln Wasser zugedeckt garen.
Paprikaschoten	500 g	5– 7	Zerkleinert mit 5 Eßlöffeln Wasser zugedeckt garen.
Rosenkohl	500 g	6– 8	Mit 4 Eßlöffeln Wasser und feuchtem Pergamentpapier abgedeckt garen.
Wirsing Weißkohl	800 g 800 g	7–10 10–13	Mit 6 Eßlöffeln Wasser zugedeckt garen; zwischendurch einmal umrühren.

Der Inhalt des Buches von A–Z

Zum Gebrauch

Hier stehen die Rezepttitel und Sachbegriffe in alphabetischer Reihenfolge. Damit Sie Rezepte mit bestimmten Zutaten aber noch schneller finden können, stehen in diesem Register zusätzlich auch die Hauptzutaten wie Aprikosen oder Wirsing, ebenfalls alphabetisch geordnet, über den entsprechenden Rezepten.

A

Ananas
- Ananas-Zwiebackauflauf 59
- Crêpes mit Ananas-Walnußfüllung 64
- Putenbrustauflauf mit Ananas 34

Äpfel
- Apfel-Nußgratin 68
- Auflauf mit geriebenen Äpfeln 62
- Buchweizenauflauf 74
- Gebackene Äpfel 62
- Orangen-Apfelgratin 68

Aprikosen
- Hirseauflauf 74
- Reisauflauf mit getrockneten Aprikosen 61

- Weinschaum-Fruchtauflauf 72

Artischocken: Krabbengratin mit Artischockenherzen 44

Auflaufformen
- Auflaufformen aus Glas und Keramik 8
- Auflaufformen aus Keramik, Ton und Porzellan 8
- Metallteile 9
- Zubehörteile 9

Auflauf mit geriebenen Äpfeln 62
Auflauf mit Keimlingen 48
Auflauf umsetzen (Tip) 10

B

Backpflaumen: Hirseauflauf 74

Bananen
- Bananen mit Vanillecreme 63
- Buchweizenauflauf 74
- Honigbananen 63

Bandnudeln
- Bandnudeln mit Egerlingen 42
- Lachs mit Nudeln 45
- Sahne-Bandnudeln 42
- Scampi mit Nudeln 45

Béchamelsauce zubereiten (Tip) 11
Beheizungsart 12

Birnen
- Birnenauflauf 66
- Buchweizenauflauf 74
- Grießauflauf mit Birnen 71

Blumenkohl
- Blumenkohl-Hackfleischauflauf 32
- Blumenkohl-Schinkenauflauf 32

Braten: Weißkohl-Bratenauflauf 19
Bries: Gratiniertes Bries 46
Brombeeren: Überbackene Beeren 69

Brötchen
- Kirchenmännle 58
- Ofenschlupfer 27

Buchweizenauflauf 74

C

Cannelloni: Gefüllte Cannelloni 28
Champignons: Lasagne mit Champignons 23

Chicorée
- Chicorée mit Hackfleisch-Füllung 47
- Chicorée mit Schinken 47

Crêpes mit Ananas-Walnußfüllung 64

E

Egerlinge: Bandnudeln mit Egerlingen 42
Einschubhöhe 12

Erdbeeren
- Erdbeerauflauf 67
- Überbackene Beeren 69

F

Fenchel: Überbackener Fenchel 39
Fleischwurst: Kloßteig-Auflauf mit Fleischwurst und Tomaten 17
Folien 9

G

Gebackene Äpfel 62
Gefüllte Cannelloni 28
Gemüse abdecken (Tip) 10
Gemüse einschichten (Tip) 10
Gemüse umrühren (Tip) 10
Gemüse würzen (Tip) 10
Gemüse-Reisauflauf 55
Geräte 6
Getreide quellen (Tip) 11
Glas: Auflaufformen aus Glas 8
Glaskeramik: Auflaufformen aus Glaskeramik 8
Gratinierter Weißkohl 38
Gratinierter Wirsing 38
Gratiniertes Bries 46
Gratiniertes Hirn 46

Grieß
- Grießauflauf mit Birnen 71
- Grießauflauf mit Kirschen 71
- Grießauflauf mit Orangen 70

Grill mit Mikrowellen kombiniert 7

Grünkern
- Grünkernauflauf 53
- Überbackene Gemüsezwiebeln mit Grünkern-Füllung 49

Grünkohlauflauf 33

H

Hackfleisch
- Blumenkohl-Hackfleischauflauf 32
- Chicorée mit Hackfleisch-Füllung 47
- Gefüllte Cannelloni 28
- Hackfleisch-Kartoffelauflauf 21
- Hackfleischauflauf mit Gemüse (Variante) 21
- Haferflockenauflauf 75

Hähnchenbrustfilet: Lauchauflauf mit Hähnchenbrustfilet 35

Haselnüsse
- Apfel-Nußgratin 68
- Haselnuß-Soufflé 73
- Hefezopfauflauf 58
- Hirseauflauf 74

Himbeeren
- Überbackene Beeren 69
- Weinschaum-Fruchtauflauf 72

Hirn: Gratiniertes Hirn 46

Hirse
- Hirseauflauf 74
- Pfannkuchen mit Gemüsefüllung 51

Honigbananen 63

J

Johannisbeer-Auflauf 67

K

Kabeljauauflauf 30

Kartoffeln
- Hackfleisch-Kartoffelauflauf 21
- Kartoffel-Auflauf mit Quark 26
- Kartoffel-Krabbengratin 44
- Roggen-Kartoffelauflauf 50
- Zwiebel-Kartoffelauflauf 20

Käse schmelzen (Tip) 11
Käsespatzen 41
Keimlinge: Auflauf mit Keimlingen 48
Keramik: Auflaufformen aus Keramik 8

Kirschen
- Grießauflauf mit Kirschen 71
- Haferflockenauflauf 75
- Kirschauflauf 66
- Kirschenmännle 58

Kloßteig-Auflauf mit Fleischwurst und Tomaten 17

Krabben
- Kartoffel-Krabbengratin 44
- Krabbengratin mit Artischockenherzen 44

Kräuterspätzle 41
Kunststofformen 9

L

Lachs
- Lachs mit Nudeln 45
- Lachslasagne 29

Lasagne
- Lasagne mit Champignons 23
- Lachslasagne 29
- Mangoldlasagne 24

Lauch
- Lauchauflauf mit Hähnchenbrustfilet 35
- Pfannkuchen mit Gemüsefüllung 51
- Lauchauflauf 48

Leber-Reisauflauf 22
Löffelbiskuit: Weinschaum-Fruchtauflauf 72

M

Mandeln
- Buchweizenauflauf 74
- Haferflockenauflauf 75
- Mandelauflauf 75

Mangoauflauf 65
Mango: Rotbarsch-Mangoauflauf 31

Mangold
- Mangoldlasagne 24
- Seelachsfilet-Auflauf mit Mangold 25

Mascarpone: Orangen-Apfelgratin 68
Metallteile 9
Mett: Weißkohl-Mettauflauf 19

Mikrowellen
- Alle Beheizungsarten mit Mikrowellen kombiniert 7
- Gemüse vorgaren mit Mikrowellen 76
- Grill mit Mikrowellen kombiniert 7
- Mikrowellen-Sologerät 6
- Ober- und Unterhitze mit Mikrowellen kombiniert 6
- Umluft mit Mikrowellen kombiniert 6
- Umluftgrill mit Mikrowellen kombiniert 7

Milchreisauflauf mit Eischnee 60
Mohn: Grießauflauf mit Birnen 71
Möhren: Pfannkuchen mit
Gemüsefüllung 51
Mozzarella: Tortellini mit
Mozzarella 40
Muscheln: Tortellini mit
Muscheln 40

N

Naturreis: Gemüse-Reisauflauf 55

O

Ober- und Unterhitze mit
Mikrowellen kombiniert 6
Ofenschlupfer 27
Orangen
Grießauflauf mit Orangen 70
Orangen-Apfelgratin 68
Putenbrustauflauf mit
Apfelsinen 34

P

Paprika: Gemüse-Reisauflauf 55
Pfannkuchen mit Gemüse-
füllung 51
Pfirsich-Zwiebackauflauf 59
Porzellan: Auflaufformen aus
Porzellan 8
Putenbrustauflauf mit Ananas 34
Putenbrustauflauf mit
Apfelsinen 34
Putenbrust: Rosenkohlauflauf mit
Putenbrust 35

Q

Quark: Kartoffel-Auflauf mit
Quark 26

R

Ramquin 27
Reis
Leber-Reisauflauf 22
Milchreisauflauf mit Eischnee 60
Reisauflauf mit getrockneten
Aprikosen 61
Schinken-Reisauflauf 22
Roggen-Kartoffelauflauf 50
Rosenkohlauflauf mit Puten-
brust 35
Rotbarsch-Mangoauflauf 31

S

Sahne-Bandnudeln 42
Sahne-Zwiebeln 49
Sahnespätzle 41
Saucen 12
Sauerkraut-Spätzleauflauf 16
Sauerkrautauflauf mit Schinken 16
Scampi mit Nudeln 45
Schinken
Blumenkohl-Schinkenauflauf 32
Chicorée mit Schinken 47
Ofenschlupfer 27
Ramquin 27
Sauerkrautauflauf mit
Schinken 16
Schinkenauflauf 26
Schinken-Reisauflauf 22
Schleifennudeln: Überbackene
Schleifennudeln mit Zucchini 43
Schokoladen-Soufflé 73
Schwarzwurzel-Auflauf 52

Seelachs
Seelachsauflauf 30
Seelachsfilet-Auflauf mit
Mangold 25
Sologerät 6
Spätzle
Käsespatzen 41
Kräuterspätzle 41
Sahnespätzle 41
Sauerkraut-Spätzleauflauf 16
Spätzle mit Tomaten 41
Spinatauflauf 50

T

Tips und Tricks 10
Toastbrot: Ramquin 27

Tomate
Gefüllte Cannelloni 28
Kloßteig-Auflauf mit Fleischwurst
und Tomaten 17
Spätzle mit Tomaten 41
Ton: Auflaufformen aus Ton 8
Tortellini mit Mozzarella 40
Tortellini mit Muscheln 40

Ü

Überbackene Beeren 69
Überbackene Gemüsezwiebeln mit
Grünkern-Füllung 49
Überbackene Schleifennudeln mit
Zucchini 43
Überbackener Fenchel 39
Umluft mit Mikrowellen
kombiniert 6
Umluftgrill mit Mikrowellen
kombiniert 7

W

Walnüsse: Crêpes mit Ananas-Wal-
nußfüllung 64
Weinschaum-Fruchtauflauf 72
Weißkohl
Gratinierter Weißkohl 38
Weißkohl-Bratenauflauf 19
Weißkohl-Mettauflauf 19
Weißkohlauflauf 54
Wirsing
Gratinierter Wirsing 38
Wirsingauflauf 18

Z

Zubehörteile 9
Zucchini: Überbackene Schleifen-
nudeln mit Zucchini 43
Zwieback
Ananas-Zwiebackauflauf 59
Pfirsich-Zwiebackauflauf 59
Zwiebeln
Sahne-Zwiebeln 49
Überbackene Gemüsezwiebeln
mit Grünkern-Füllung 49
Zwiebel-Kartoffelauflauf 20

Köstlich und schnell mit Mikrowelle

Sabine von Imhoff
Köstlich und schnell mit Mikrowelle: Fleisch
Ob feine Ragouts, Gegrilltes oder Überbackenes: Alles gelingt leicht und geht schnell. 80 Seiten mit 100 Farbfotos.

Sabine von Imhoff
Köstlich und schnell mit Mikrowelle: Aufläufe
Knusprige Aufläufe und feine Gratins gelingen leicht mit Mikrowellen. 80 Seiten mit 100 Farbfotos.

Sabine von Imhoff
Köstlich und schnell mit Mikrowelle: Backen
Das Bildback-Buch mit reizvollen und unkomplizierten Rezepten für die schnelle Welle. 80 Seiten mit 100 Farbfotos.

- Kompetente Autorin präsentiert praxisnahe, durchdachte und gut funktionierende Rezepte für die „schnelle“ Welle.
- Neue, exklusiv für diese Bücher gestaltete Farbfotos zeigen jedes Gericht in Farbe.
- In jedem Band illustrieren farbige Sachfotos einleuchtend das notwendige Wissen um die Technik.
- Schritt-für-Schritt-Abbildungen zeigen: „So wird's gemacht“.
- Jedes Rezept in Farbe und von GU doppelt geprüft.

GU Gräfe und Unzer

Die Autoren

Sabine Freifrau von Imhoff

arbeitete nach ihrer Ausbildung zur Hauswirtschaftsleiterin zunächst in einem Energieversorgungsunternehmen als Elektroberaterin. Später übernahm sie Aufgaben bei einer Elektrofirma als hauswirtschaftliche Energieberaterin. Dann wagte die gebürtige Holsteinerin den Sprung nach Bayern, wo sie ein Schulungs- und Informationszentrum für Mikrowellengeräte aufbaute und leitete. Von der Mikrowellen-Technik begeistert und überzeugt, sammelte sie auf diesem Gebiet reichhaltige Erfahrungen. Ein Höhepunkt in ihrer Karriere war die enge Zusammenarbeit mit einem Drei-Sterne-Koch. Sie hält Vorträge und schreibt Bücher zum Thema Mikrowelle.

Odette Teubner

Ihr beruflicher Werdegang war von klein an vorprogrammiert, da sie zwischen Kameras, Scheinwerfern, Versuchsküche und Dunkelkammer aufwuchs. Nach der Schulzeit begann sie sofort eine Lehre bei ihrem Vater, dem international bekannten Food-Fotografen Christian Teubner. Obgleich Odette ihrem Vater schon bald eine fast unersetzliche Hilfe war, folgte sie seinem Rat, sich einige Monate in München der Modefotografie zu widmen, um eine einseitige Entwicklung zu verhindern. Außerdem ging sie für einige Wochen nach Alaska, um dort Land und Tiere zu fotografieren. Heute arbeitet sie ausschließlich im Studio für Lebensmittelfotografie Teubner. In ihrer Freizeit ist sie begeisterte Kinderportraitistin – mit dem eigenen Sohn als Modell.

Kerstin Mosny

wuchs in einer kreativen Umgebung auf. Nach dem Abitur besuchte sie eine Fachhochschule für Fotografie in der französischen Schweiz. Danach arbeitete sie als Assistentin bei verschiedenen Fotografen, unter anderem bei dem Food-Fotografen Jürgen Tapprich in Zürich. Durch einen Kochkurs bei der bekannten Kochbuch-Autorin Agnes Amberg wurde ihre Neigung zur Food-Fotografie verstärkt. Um ihre Englischkenntnisse zu vertiefen, arbeitete sie ein halbes Jahr in verschiedenen Fotostudios in London. Seit März 1985 arbeitet sie im Fotostudio-Teubner. Ganz besonders gut gelingt es ihr, küchentechnische Arbeitsschritte ins Bild umzusetzen, wie die Beispiele in diesem Buch zeigen.

Impressum

Das Farbfoto auf der Einband-Vorderseite zeigt Tortellini mit Mozzarella (Rezept Seite 40). Auf der Einband-Rückseite sehen Sie: Rosenkohlauflauf mit Putenbrust und Lauchauflauf mit Hähnchenbrustfilet (Rezept Seite 35), Überbackene Schleifennudeln mit Zucchini (Rezept Seite 43) und Lasagne mit Champignons (Rezept Seite 23).

CIP-Titelaufnahme der Deutschen Bibliothek

Imhoff, Sabine von:

Aufläufe: das GU-Bildkochbuch für alle Mikrowellen- und Mikrowellen-Kombinationsgeräte (reizvolle Rezepte für knusprige Aufläufe und feine Gratins, die leicht gelingen) / Sabine v. Imhoff. Die Farbbilder gestalteten Odette Teubner u. Kerstin Mosny. –
1. Aufl. – München: Gräfe u. Unzer, 1989
(Köstlich und schnell mit Mikrowelle)
ISBN 3-7742-2611-3

1. Auflage 1989

Redaktion: Maryna Zimdars
Versuchsküche: Heike Baumeister
Herstellung: Monika Gerretz
Farbfotos: Odette Teubner und Kerstin Mosny
Umschlaggestaltung: Heinz Kraxenberger
Reproduktionen: SKU Reproduktionen GmbH
Satz: Fertigsatz GmbH
Druck und Bindung: Mairs Graphische Betriebe
ISBN 3-7742-2611-3